U0807010

嵩山少林拳法编纂委员会（排名不分先后）

顾　问：张耀庭　门惠丰　杨　丽（女）　栗胜夫　爨随堂
蔡玉建　冯宏芳（女）　马学智　李世英　马延春
毛玉成　段全伟　李艳君（女）　胡秀娟（女）
王宗仁　郑光荣　冯根怀　郑书敏　梁松华　王松伟
梁继红　李　菲（女）　陈俊杰　李劲飞　郑跃峰

主　任：梁少宗

副主任：常福晓　张光耀　周洪多　李泽飞　梁毛占

委　员：魏永平　王德克　许正伟　许路明　王少威　梁省伟
马玉春　张　召　申卫娜（女）　李小宁（女）

嵩山少林拳法编纂人员（排名不分先后）

主　编：梁少飞

副主编：冯宏鹏　洪　浩　张月霜（女）　梁洪勋　梁洪亮
刘连祥　李光捷　宋　岩　潘　勇　王华辉　王　锐
冯殿华（女）李立三（女）郭琳琳（女）刘　冰（女）

编　辑：李占国　刘治国　杜景涛　赵　跃　乔占辉　李晓东
马发展　杨延全　温书杰　贾　闯　屈晓飞　马洪鹏
黔利兴　孙　博　何　磊　曹　帅　曹中宝　常渊博
董保南　潘乐园　陈延平　张书明　刘俊杰　吴志强
黄卫华　姚南坊（女）　孟洛川（女）　张田田（女）
程玉凯（女）

摄　影：苏文胜　陈现红（女）

少林鹅坡武术专修
全国十大武术名校
少林鹅坡武院
功法训练场

中国·少林鹅坡教育集团

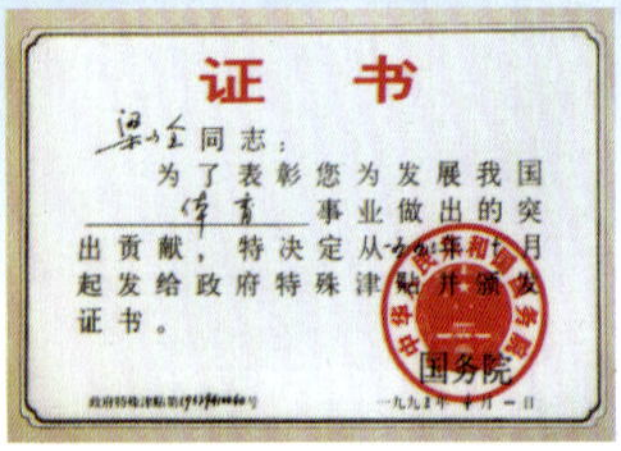

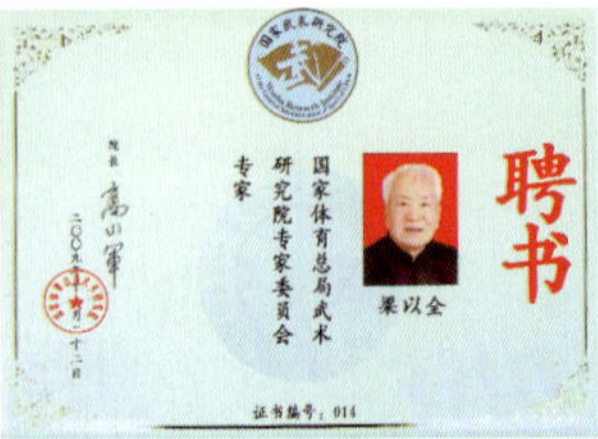

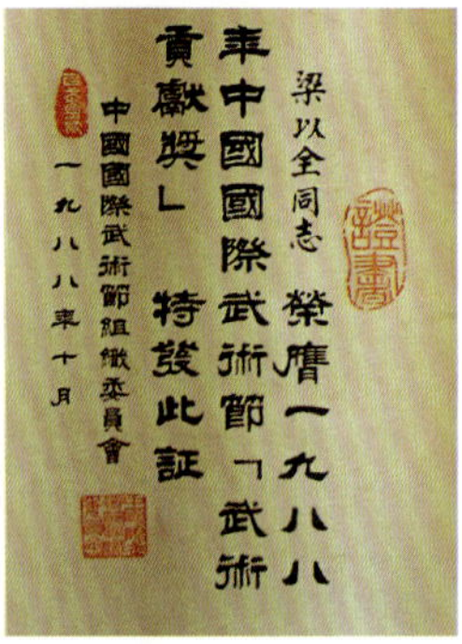

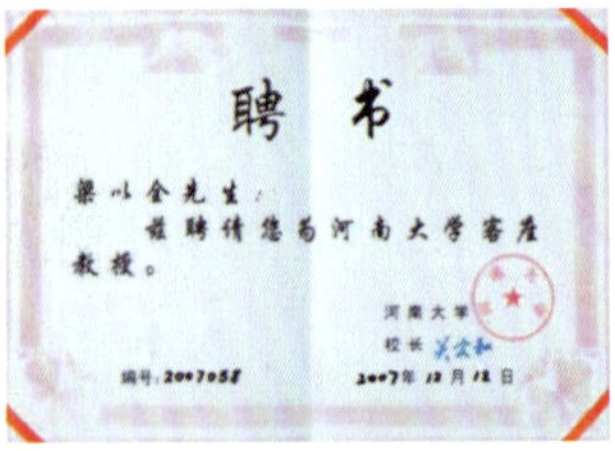

梁以全，法名素一，河南省登封市骆驼崖村人。1931 年出生于习武世家，幼承祖训，刻苦好学，坚韧执着，博采众长。精研少林正宗拳械、技击、擒拿、阴阳劲等各种功法，长年练功不辍。为人谦和，乐善好施，已捐善款数百万元资助乡里。

他习武修德，为中华武术少林流派代表人物。是国家高级武术教练、中国武术九段、中国当代“十大武术名师”、全国离退休老干部先进个人、全国健康老人、河南省非物质文化遗产传承人，享受国务院特殊津贴。中华人民共和国成立后，他创办了第一所专业武术学校，率先将少林武术带出国门，出访过 36 个国家和地区，表演、交流、讲学、教授中华少林武术，授武于中外弟子数万名。

他笔耕不辍，已出版《嵩山少林拳法》《嵩山少林拳法歌诀集锦》《少林武术研究》等武术专著，在国内外报刊发表过 29 篇武术专业学术文章，授武育人。他创办了少林鹅坡教育集团，目前在校师生 8000 余人。该校学生参加国际、国家、省、市武术大赛，荣获奖牌 5679 枚，考入北京体育大学、上海体育学院、武汉体育学院、天津体育学院、河南大学、郑州大学、洛阳师范学院等高等院校学生 2000 余名。

他历任登封蔡沟乡中心学校校长、登封市体校校长、河南省武术馆副馆长、登封少林寺武术馆副馆长兼总教练、少林拳法研究会主席。现任国家体育总局武术研究院专家委员会专家、河南省武术协会副主席、少林武协名誉主席、北京体育大学名誉顾问、河南大学客座教授等职。

他曾多次受到党和国家领导人乔石、李德生、许世友等领导同志的亲切接见。

梁以全的三爷爷梁学庠，是梁家另一位奇人，虽自幼习练家传武功，但因家穷却未能读书。他十八岁开始学文，后居然中了黉门秀才。他文武兼备，又开设私塾，门人弟子颇多。梁以全自幼得其亲传，后成为一代儒雅武师，不但武功高强，而且能著书立说，这与他幼时所受的教育是分不开的。

梁学庠亲书并手绘插图本武术典籍《易筋经》，至今在梁家珍藏着。

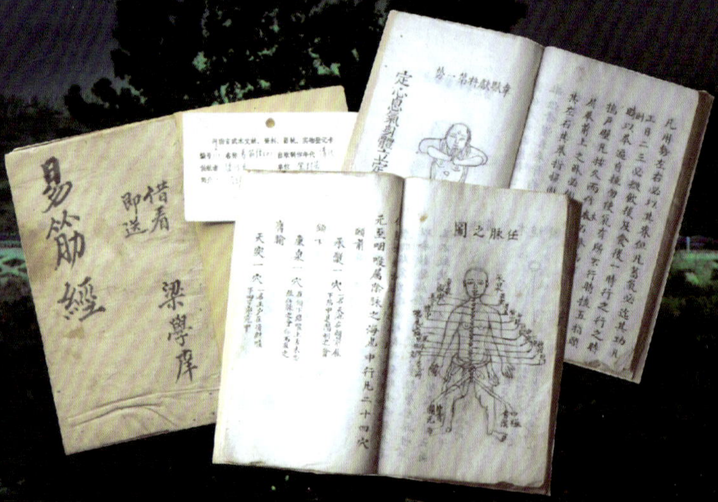

这张珍贵照片中的二位长者，便是梁以全的父母亲。父梁兴绍，幼名海水。海水为人谦和，广交武林朋友，与少林寺妙兴法师和妙聚法师交往颇深。弟子达千余众。1928 年被冯玉祥部聘为武术教官。

1963 年，参加河南省武术比赛，他以 82 岁高龄荣获“技艺精湛奖”。

奖状

梁海水同志参加一九六三年河南省武術表演赛技藝精湛特發獎狀以資鼓励

河南省体育运动委員会

一九六三年十[illegible]月一日

少林宗師名震天下
武術大家氣壯山河
梁以全少林一代宗師
乙酉年夏
高瞻远瞩
GAOZHANYUANZHU

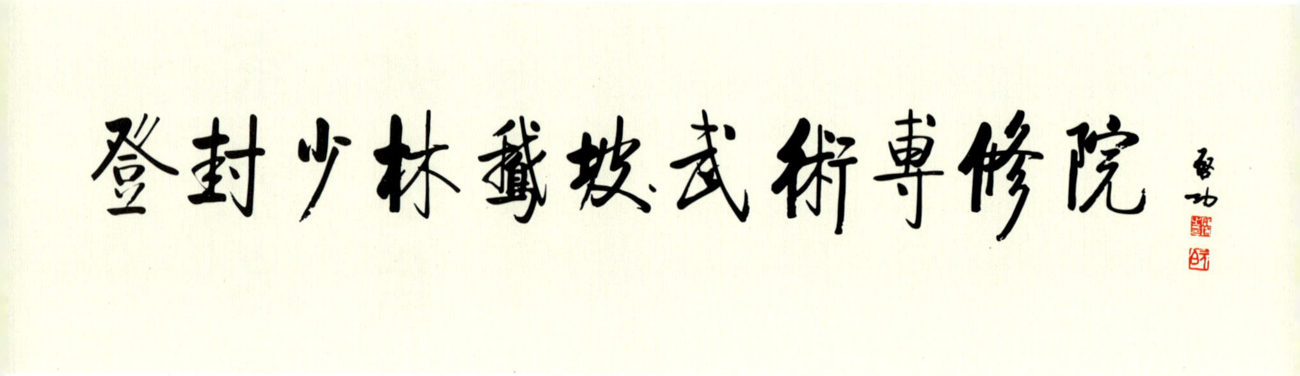
登封少林鵝坡武術專修院

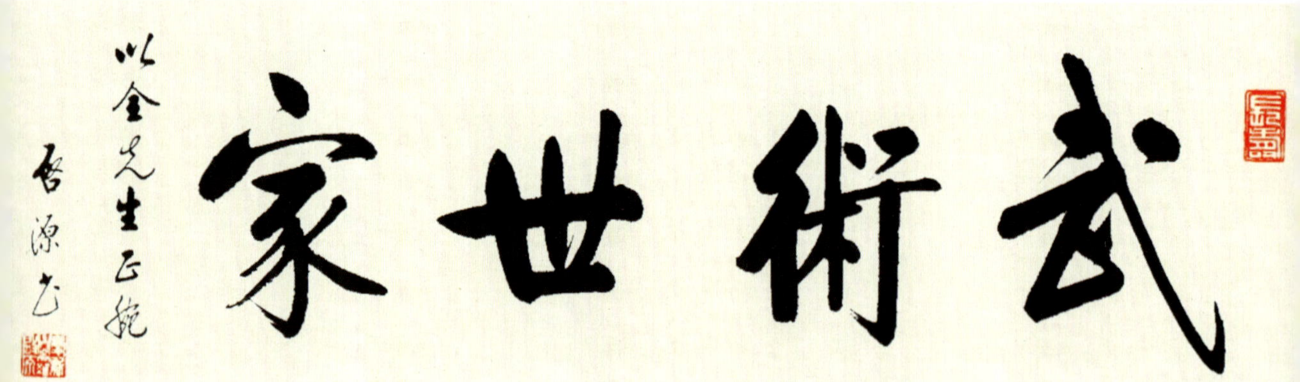
武術世家

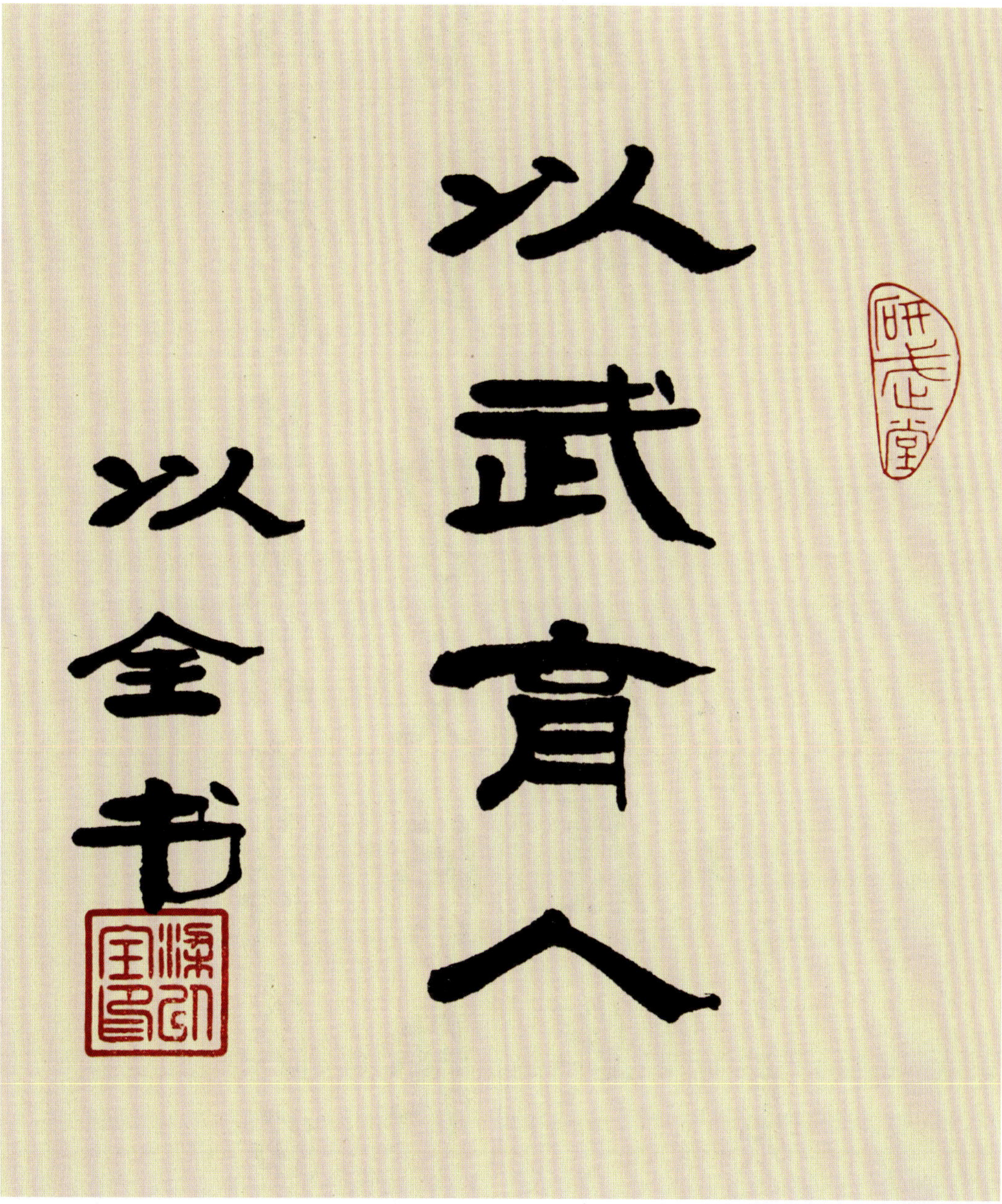
以武育人
以全书

致少林鵝坡武術學院師生

習武學文修能

意在民族復興

徐才

乙酉年秋

一代大宗師
事業如日中天

登封市鵝坡少林武术專修院

少林真傳

蔡龍雲

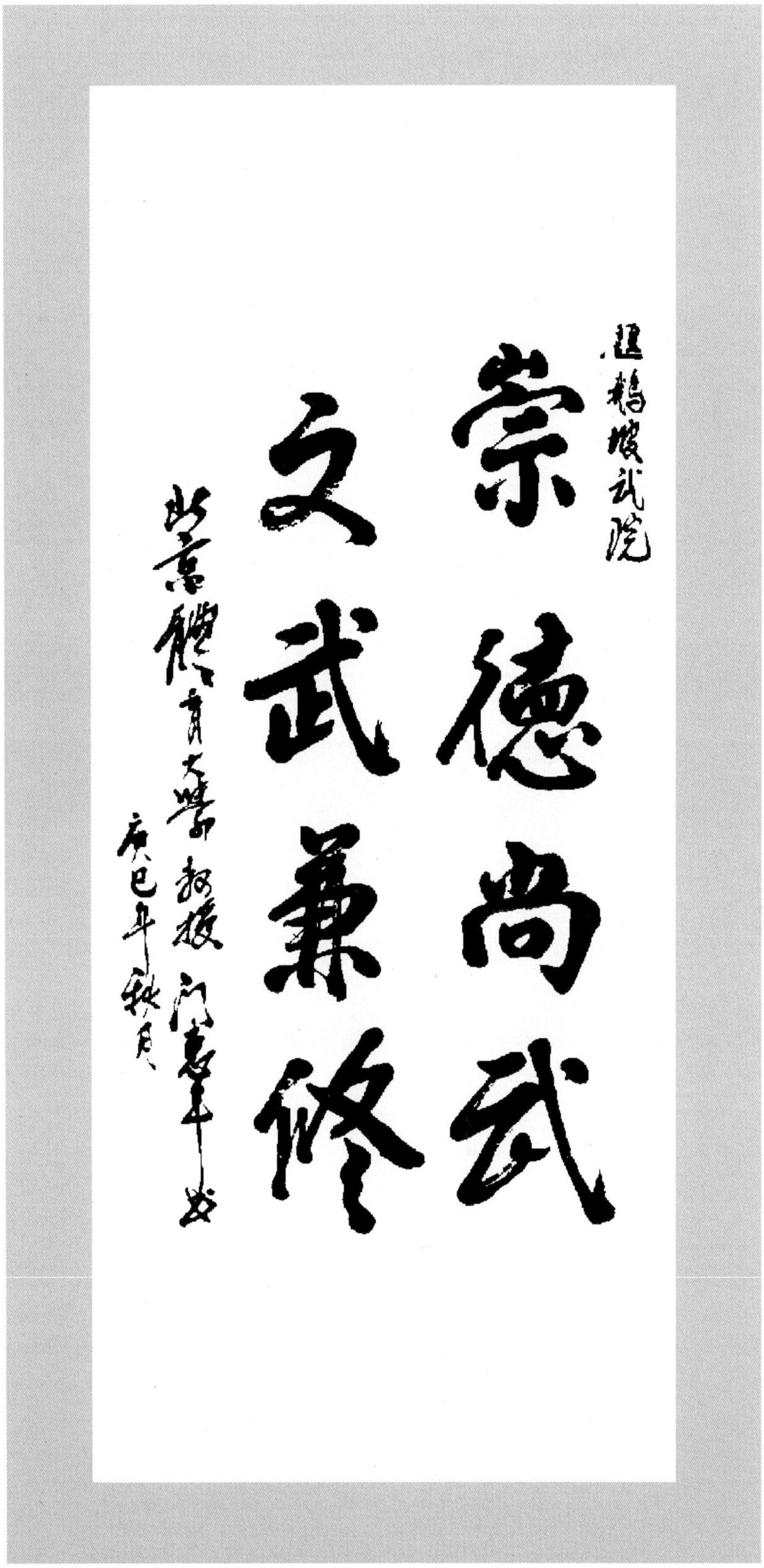
崇德尚武
文武兼修

少林鹅坡武术专修院正门

少林鹅坡武术专修院西门

梁氏少林達摩杖圖譜

高山學藝數十載　老師教我如意拐

往上打日月二起　往下打海水倒流

往前打白虎登山　往後打烏龍擺尾

往左打虎豹難躲　往右打鷹鷂難飛

青年學它是武藝　老年學它當馬騎

公元二零零六年秋　梁以全題

嵩山少林拳法 三

少林·鹅坡武术专修院系列教材

梁少飞 主编

河南大学出版社
HENAN UNIVERSITY PRESS
·郑州·

图书在版编目（CIP）数据

嵩山少林拳法．3／梁少飞主编．—郑州：河南大学出版社，2017.9（2020.9 重印）

ISBN 978-7-5649-3008-0

Ⅰ．①嵩… Ⅱ．①梁… Ⅲ．①少林拳－教材 Ⅳ．①G852.15

中国版本图书馆 CIP 数据核字（2017）第 229617 号

责任编辑 柳 涛 孟艺萌

责任校对 朱春华

封面设计 徐 刚

出　版 河南大学出版社

地址：郑州市郑东新区商务外环中华大厦2401号　邮编：450046

电话：0371-86059750（高等教育与职业教育分社）

电话：0371-86059701（营销部）　网址：hupress.henu.edu.cn

排　版 郑州市今日文教印制有限公司

印　刷 河南文华印务有限公司

版　次 2017年9月第1版　**印　次** 2020年9月第3次印刷

开　本 787mm×1092mm 1/16　**印　张** 11.5

字　数 198千字　**插　页** 9

定　价 60.00元

（本书如有印装质量问题，请与河南大学出版社营销部联系调换）

前　言

驰名中外的少林武术以其悠久的历史、精湛的技艺、丰富的文化内涵而成为中华武术百花园中一枝璀璨的奇葩。

对中国乃至世界武术的发展产生过重大影响的少林武术，因近代军阀混战，少林寺不幸焚于兵火，大量珍贵的资料几乎丧失殆尽。新中国成立后，特别是在改革开放以来，在各级政府的正确领导及社会各界的大力支持下，少林武术又一次焕发出了勃勃生机。近年来，为了培养更多的少林武术后备人才，同时满足广大武术爱好者的需求，我们编写了一套科学、系统的少林武术专业教材，已付梓于世，同时，这也了却了家父梁以全先生一向的夙愿。

家父是一位以经史为宗的传道解惑者，更是武功精湛的梁氏拳法第十六代传人。他从 20 世纪 70 年代就开始整理家传的武术资料。首先从梁氏武术流派的传承中，通过口传耳闻，翔证珍取；再从残碑断章中条分缕析，数十年如一日，于 1982 年正式出版了《嵩山少林拳法》，并赢得了少林武术界的一致好评。

梁氏家族世代习武尚文，传承少林武术已有 700 余年的历史。家父秉承祖训，习以教事，长期致力于武术教育和武术人才的培养。他于 1978 年创立了登封县（今登封市）体委武术队，1981 年创办登封县少林武术体校。其后公派到少林寺地区，筹建嵩山少林寺武术馆，任总教练、业务副馆长。在此基础上与北京体育学院（现北京体育大学）创办北京体育学院少林武术专修院。家父 60 岁又奉命调回登封县体委，创办登封县体委少林武术训练中心。1995 年，退休的家父在登封市中岳大街西段创办了少林武术专修院。1997 年登封少林武术专修院搬迁到登封市大禹路西段鹅坡岭，改校名为登封市少林鹅坡武术中等专业学校。他为少林武术发展所作出的突出贡献得到了国家和社会各界的广泛认可。家父享受国务院特殊津贴，是国家体育总局武术研究院专家委员会专家，是中国武术九段、武术高级教练。被评为中国当代十大武术名师，国家离退休老干部先进个人，中华武术 30 年最具影响力人物。还被河南大学等多所高校聘为客座教授。

《嵩山少林拳法》（少林鹅坡武术中等专业学校系列教材）在编写过程中，遵照家父的意见，参阅了《梁氏祖传少林拳谱》《嵩山少林拳法》《少林拳法总讲册集》《体育学院通用教材 · 武术》以及其它武术论著，并结合多年教学的实际，对原教材进行了升级改版。本套教材共分五册，融少林武术理论与少林武术技术教学为一体。理论方面阐述了少林武术的源流、风格和特点，技术方面展示了少林武术功法、少林拳术与少林器械、少林搏击与摔跤等内容。本套教材内容丰富、图文并茂。既具有系统性与知识性，又具有时代性和可读性。不仅适用于各类武术馆校的武术教学，还为当前的“武术进校园”提供了一套系统而又翔实的少林武术教材。

少林武术源远流长、博大精深，远非一套教材所能涵盖。希望这套教材的出版能对广大少林武术爱好者与研习者起到抛砖引玉的作用。如有不当或错误之处，恳请大家批评指正，以便再版时修订和完善。

编　者

2016 年 12 月 1 日

目　录

第一章　少林武术概述 …… 001

第二章　梅花单刀 …… 007

第三章　四十八名枪 …… 025

第一节　枪术基本动作练习 …… 025

第二节　四十八名枪 …… 031

第四章　杨家枪 …… 059

第五章　阴手棍 …… 087

第一节　棍术基本动作练习 …… 087

第二节　阴手棍 …… 090

第六章　齐眉棍 …… 103

第七章　龙凤双剑 …… 113

第八章　少林双刀 …… 159

第一章　少林武术概述

一、少林武术的渊源

古时候人兽同居。人，飞不如禽，走不如兽。禽兽以爪牙扑人，人以智技制服禽兽。《汉书》云：齐民技击强。荀子云：齐人隆技击。这说明我国很早就有了技击术。北魏孝明帝孝昌三年（公元 527 年），印度僧人菩提达摩来到中国河南嵩山少林寺，创立佛教禅宗。他不主张用文字传教，而采用“壁观”的办法，静坐修心。他在嵩山五乳峰上的一个天然石洞（原名蚩尤洞，今名达摩洞）中，面壁九年，“寂坐参悟”。由于长期静坐，精神和肉体都不免困倦，而且身居深山密林之中，经常受到毒蛇猛兽的威胁，他便根据山林中虎跃、猴攀、鸟飞、虫爬等动作，并效法我国劳动人民生产和锻炼身体的各种方式，初创了简单的肢体动作，作为健体护身术来研究和练习。有时也随手练练农具、手杖、棍棒等器械。遇到野兽侵袭时，便与之搏斗，这便是达摩铲、达摩杖、少林棍等器械名称的由来。达摩初创的这些简单动作，称不上什么拳术，仅是开创了少林寺僧众健身、防身、养生之先河。

二、少林武术的形成与发展

在历史的长河中，历代僧众依照我国民间流传的健身技击术，吸纳众家拳术之长，兼收并蓄，融会贯通，通过长期演练、创新和总结，使少林武术得以形成和发展。特别是在隋末唐初，隋将王世充盘踞洛阳称王，与唐高祖对抗，直接阻碍了唐王朝的统一。唐高祖李渊带兵征伐失利，其子李世民被掳入洛阳。高祖书约少林寺僧助战。寺僧应诏参战，击败王世充，生擒他的侄子王仁则于柏谷庄。僧兵中立功者 13 人，其中昙宗和尚被封为大将军。李世民继位后，赠寺田 40 顷，盖殿宇僧房 2000 余间，使寺院面积扩大到 540 亩，僧众达 2000 余人，并允许寺内建立兵营，训练僧兵。少林寺达到了极盛时期，被誉为“天下第一名刹”。

少林寺养僧兵后，僧众习武就直接与实战联系起来了，这为少林武术的发展，提供了非常有利的条件。为了提高实战能力，寺僧们不仅练拳术、器械，

而且加强了实战技能和马步战术的演练，还经常邀请各地武术名家入寺切磋传艺。如宋朝，曾先后吸纳了宋太祖赵匡胤的太祖长拳、韩通的通背拳、马藉的短打等十八家拳法的精华，汇成拳谱，流传后世。又如金元时期的觉远和尚，出家到少林寺后，感到寺内武艺不佳，便携资西出，访师于陕西及甘肃兰州，聘请名师李叟、白玉锋入寺传授武艺。李叟传大洪拳、小洪拳、擒拿术，白玉锋传气功及龙拳、虎拳、豹拳、蛇拳、鹤拳等。再如明代抗倭名将俞大猷，曾入寺传授临阵实用的棍术。同时，少林武术交流活动的开展，使其在全国各地广为流传。少林武术与诸家流派取长补短，互相交流促进。经过历代演练和总结，少林武术的内容逐渐丰富起来，少林寺即成为全国会武之地，支脉繁茂，驰名中外。

另一说法是，少林武术并非始于达摩，而是首创于跋陀的两个弟子慧光和僧稠。跋陀是印度僧人，于北魏孝文帝太和十九年（公元 495 年）来中国传教，比达摩早来 32 年。孝文帝尊崇佛事，为跋陀建少林寺。跋陀喜爱中国武术，收了两个弟子，一个叫慧光，一个叫僧稠，他们二人均是练武的能手。慧光身子轻灵，能在桥栏杆上踢毽子。僧稠刚出家时，身体虚弱，常受师兄弟们的戏弄，便决心发奋练武以自强，后来竟练就了一身好功夫。传说，僧稠曾挥杖赶走在少林寺山门前争斗的两只猛虎。

以上两种说法何者为准，尚需作进一步考证。

三、少林武术的特点与作用

少林武术之所以能够千年传承，受人敬仰，除受一些神话传奇故事的影响外，主要还是因为它的功夫过硬、风格独特、立足于实战。它的套路结构严谨，动作朴实刚健，攻防严密，招式多变，力量的运用灵活而富有弹性，着眼于实用，不练花架子，具有很强的自卫能力。少林寺白衣殿的南北山墙上，各有一幅寺僧练武的壁画，称为“捶谱”，是清代道光年间（公元 1821 ～ 1851 年）绘制的。这幅壁画画的是六合拳对练和各种器械对练，生动地记述了当时寺僧练武的情景，也突出了少林武术手、眼、身法、步的特点和攻防含义。千佛殿内练功的脚窝，就是寺僧们一代复一代刻苦练功的见证。在演练套路的形式上，少林武术有拳打“卧牛之地”之说。这说明少林武术在演练时不受场地大小的限制。即使在实战中，也能充分利用地形狭小的不利，发挥出它的威力。“拳打一条线”

也是少林武术的一个鲜明特点。在演练时，它的各种套路演练、动作起落进退，均在一条线上，这是根据实战的需要而设计的。例如，身法八要中要求起、落、进、退、反、侧、收、纵都在一条线上运动。手、眼、身法、步的要求是：身以滚而起，手以滚而出，手法滚出滚入，手臂曲而不曲，直而不直，运用自如，取南北派之长，练时非长不能达气，对搏时非短不能自顾；眼法注目为鹄，以审敌势；身法起横落顺，着重掌握重心，不失平衡；步法进低退高，轻灵稳固，抬腿踢脚，轻如惊鸿，重如泰山。步法注重自然，不强求大弓大马步形。在使用的方法上，少林武术要求内静外猛，即所谓“守之如处女，放之如猛虎”。少林武术的技法常声东击西，指上打下，佯攻而实退，佯退而实进，虚虚实实，刚柔相济，并善于借人之力，顺人之势，制人之身，不与来势顶撞，善用四两拨千斤之势，以智胜蛮。人们又以秀如猫、抖如虎、行如龙、动如闪、声如雷来形容它的变化多端。少林武术在动静、呼吸、运气、用气方面，也有自己的特点。拳诀讲：拳打十分力，力从气中出；运气贵于缓，用气贵于急，缓急神其术，尽在一呼吸。少林武术六合讲，肩与胯、肘与膝、手与足的外三合和心与意、意与气、气与力的内三合之法。内外形成一体，用鼻呼吸，集中劲力，必要时用嘴发出吼声，以震敌胆，克敌制胜。

四、少林武术的历史功绩与历代政府的关系

由于少林武术实战意义强，功夫过硬，历代均有名武僧出现。如前面曾提到的少林和尚昙宗等 13 人，因救驾有功，留下了“十三和尚救秦王”的佳话（少林寺白衣殿后墙北端有壁画可考）。又如元朝福裕和尚，曾为河南九州岛提督，因保国有功，死后追封为晋国公，少林寺现有碑刻可考。明代程冲斗着《少林棍法禅宗》一书中，曾言及少林棍法源出于“紧那罗王”。少林寺白衣殿后墙南端，有紧那罗王御“红巾军”的大幅壁画。明代诗人也曾以“威镇少室三千里，能抗外患百万兵”的诗句来赞扬他。明代中叶，我国东南沿海一带，经常受到倭寇的侵扰。倭寇劫夺财物，屠杀沿海居民，掳掠人口，给中国沿海地区带来的痛苦和灾难罄竹难书。歼灭倭寇、抗击侵略者是当时人民的迫切要求。嘉靖年间（公元 1522 ～ 1567），两广总督上书皇帝，要求少林寺僧参与扫平倭寇。少林寺月空和尚，奉命带领 40 多个武艺高强的僧人，组成了一支僧兵队，开赴松江一带抵御倭寇。在战斗中，他们英勇顽强，奋不顾身，每战必捷，以

金戈铁棒击杀多股倭寇，而他们也血洒疆场壮烈牺牲。皇帝为纪念他们的功绩，在福建建立了少林寺下院（即现在的南少林寺）。同时代的小山和尚是少林寺正宗第二十四代传人，武艺超群，智勇兼备，曾三次挂帅征边，屡立战功。皇帝为他在少林寺山门前立石狮子和旗杆，以嘉其功。明天启五年（公元 1625 年）春立的《少林观武碑》（此碑在寺内碑林），曾有诗文记载：

暂憩招提试武僧，金戈铁棒技层层。
刚强胜有降魔力，习惯轻挟搏虎能。
定乱策勋真正果，保邦靖世即传灯。
中天缓急无劳虑，中义毗卢演大乘。

少林寺僧不仅历代习武功、佐王室，更重要的是尊崇佛法、传授佛教禅宗。这样虽得到一些统治者的支持，但也遭到一些统治者的反对与摧残。据历史记载，少林寺曾几次遭受火焚与废弃。如南北朝北周建德五年（公元 576 年），当时因信奉佛教的徒众几乎占了农民的一半，生产受到很大的影响，周武帝宇文邕便采纳了元嵩“定教先后”的建议，下令禁止佛、道二教流传，遣返僧、道、尼姑回家生产。当时少林寺的和尚也星散返家，寺院废弃。元顺帝时，国内的名刹大寺，几乎焚毁殆尽，少林寺也被毁大半。明太祖朱元璋在建立明朝的过程中，因得到少林寺僧的帮助，即皇帝位后，给予寺僧很多方便，使少林寺又得到了一定的恢复和发展。清军入关后，清政府对少林寺僧严加管束，住持僧需由京中派遣，如发现寺僧和周边群众有习拳技者，令地方官府抓捕镇压。据说清道光八年（公元 1828 年），清朝大员麟庆代替巡抚祭祀中岳。他住在少林寺，想看一看寺僧们的拳法。因当时清朝统治者严禁习武，所以寺僧们在麟庆面前“讳言不解”，不敢承认他们练武。后来，还是麟庆对寺僧们说，少林拳勇自昔有闻……只在谨守清规，保护名山，不必打诳语。寺僧们这才敢在殿前表演拳术。麟庆观后，佩服少林拳法矫捷罕见，与世俗不同。另有一种说法，清雍正皇帝爱武事，来少林寺想看练拳，寺僧们说：“无旨不敢练。”皇上下令演练，观后赞赏有加，并画“拳谱”于寺。这些充分反映出了清代统治者对少林武术发展和传承的限制。到了民国十七年（公元 1928 年），军阀混战。军阀樊钟秀盘踞少林寺。军阀石友三于当年 3 月 15 日从轘辕关攻克少林后，发现樊钟秀和寺僧早已逃跑，为泄怒放火烧寺。这是继隋大业年间（公元 605 ～ 617 年）、清康熙年间（公元 1662 ～ 1723 年）之后少林寺遭受的第三次大火灾，也是最

严重的一次。熊熊大火延烧 40 余日。寺内的许多建筑和文物古迹，如天王殿、大雄宝殿、藏经阁、钟鼓二楼，以及古柏、经卷、寺志、拳谱等俱成灰烬。这场浩劫使国家文物蒙受了巨大损失，也给今天研究少林武术的发展史造成了难以克服的困难。

第二章　梅花单刀

梅花单刀各部位名称

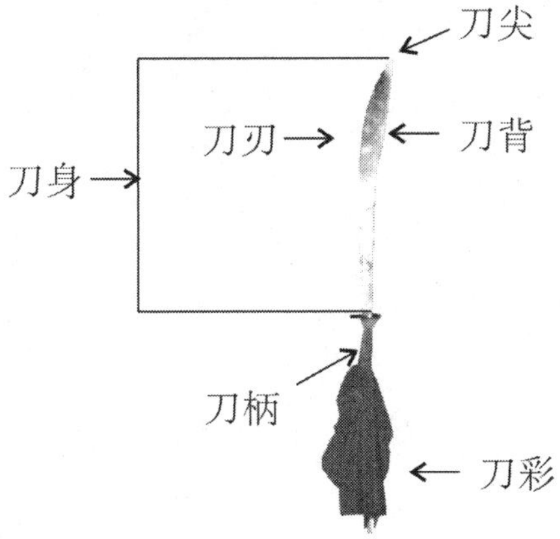

动作名称详解

1. 预备式

双脚并步站立，左手抱刀，刀背向里竖于左肩前；右臂自然下垂，头正身直，目视前方（图 1）。

2. 起势

左脚向左开步，与肩同宽。右手握拳，拳心朝上抱于腰间，挺胸收腹，头左摆，目视左前方（图 2）。

图 1

图 2

3. 白鹤亮翅

右脚向前上步，左手持刀在面前划弧下落置左腿外侧。左脚向前上步脚尖点地，右腿下蹲成左虚步。同时右拳变掌，掌心朝上架于头顶，目视左前方（图 3）。

图 3

4. 阴阳插手

左脚向左上步，身体左转 90°，右脚向前与左脚并步震地，双腿下蹲；同时双手交叉于腹前，左手在上，右掌掌心向上在下，目视前方（图 4）。

图 4

5. 回头望月

右脚向后退步，身体右转 90° 成右弓步。同时右掌向上，掌心向前放于右耳前，左臂抱刀顺放于左腿外侧，目视左后方（图 5）。

图 5

6. 阴阳插手

身体左转 90°，右脚向前与左脚并步震地，双腿下蹲。同时双手交叉于腹前，左手在上，右掌右下掌心向上，目视前方（图 6）。

图 6

7. 大鹏展翅

右脚直立，左脚提起绷直放于右膝前上方；同时双臂外伸展开，右掌心向右，双臂与肩平，目视前方（图 7）。

图 7

8. 缠头裹脑

（1）左脚向前落地，双臂上举于头顶上方，右手接握刀把。左脚向前上步成左弓步。同时右手持刀，使刀经头右后向左前扫，放于左肩窝下；左掌掌心向上架于头顶上方，目视前方（图 8）。

图 8

（2）上动不停，身体左转 90°，右脚提起绷直放于左膝前上方。同时左掌向下立掌竖于右肩窝处，右手持刀向右后平扫使刀刃向后竖于背后，目视前方（图 9）。

（3）上动不停，右脚向右落地成右弓步。同时右手经左肩上方向右上拉刀，使刀背向里置于左臂二头肌上。右手高与耳平，左手掌心向下贴于右腕，目视前方（图 10）。

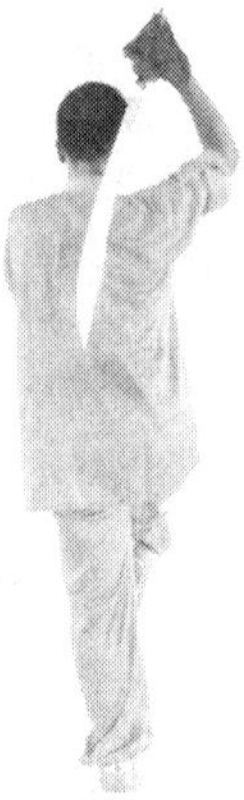

图 9

图 10

9. 鸡行三撩刀

（1）身体左转 90°，右脚向前上步，脚尖里扣，双腿微下蹲成七星步。同时左掌贴于右腕，双手由右后下向前上撩刀，双手位于胸前。刀刃向上，目视前方（图 11）。

（2）左脚向前上步，脚尖里扣，双腿微下蹲成七星步。同时左掌贴于右腕，双手由左后下向前上撩刀，双手位于右胸前。刀刃朝上，目视前方（图 12）。

（3）右脚向前上步，脚尖里扣，双腿微下蹲成七星步。同时左掌贴于右腕，双手由后下向前上撩刀，双手位于左胸前。刀刃向上，目视前方（图 13）。

图 11

图 12

图 13

10. 腾空踢刀

左掌掌心朝上收于腰间，左脚提起绷直放于右膝前上方。在左脚下落的同时，右臂微内旋使刀刃朝左，右脚提起绷直向前上踢击刀身，目视前方（图14）。

图 14

11. 缠头裹脑

（1）上动不停，右脚向前落地成右弓步。同时右手持刀，向左上使刀经左肩外侧向右后而后向左前平扫，放右手于左肩窝处。左掌掌心向上架于头顶上方，目视前方（图 15）。

（2）上动不停，左脚提起绷直放于右膝前上方。同时左掌向下竖于右肩前，右手持刀向右后平扫，使刀刃向后竖于背后，目视前方（图 16）。

（3）上动不停，左脚向前落地，身体右转 180°，右脚向后退步下蹲，左脚脚尖点地成左虚步。同时右手经左肩上方向右后拉刀，使刀贴于右腿外侧；左掌立掌向前推出，指与鼻平，力达左掌，目视前方（图 17）。

图 15

图 16

图 17

12. 弓步刺刀

左脚向前上步成左弓步。同时右手持刀向前平刺，臂与肩平，力达刀尖；左掌立掌贴于右肩窝处，目视前方（图 18）。

图 18

13. 退步劈刀

右脚向前上步，身体左转 180°。右手持刀右上撩，左脚向后退步。同时右手向右后下劈刀；左掌立掌前推，指与头平，目视右后方（图 19）。

图 19

14. 翻身劈刀

身体左转 90°，右手持刀右上撩，左脚提起绷直放于右膝前上方。左掌贴于右腕，左脚向左落地，身体左转 90°，右脚向前上步成右弓步。同时右手持刀向前劈击，刀尖与头平；左臂后伸，左掌变勾手，左腕高与头平，勾尖向下，目视前方（图 20）。

图 20

15. 弓步刺刀

右脚提起绷直放于左膝前上方。右手持刀向前下，而后向右上放于右膝内上侧，刀尖朝前；左手变掌贴于右腕。右脚向前落地成右弓步。同时右手持刀向前平刺；左掌立掌后推，臂与肩平，目视前方（图 21）。

图 21

16. 仆步拉刀

右腿提起向后退步下蹲，身体右转 90°，左腿绷直下落成左仆步。同时右手挽刀花向右下，左掌贴于刀背，双手拉刀于右腿前，目视左前方（图 22）。

图 22

17. 缠头裹脑

（1）双腿起立，身体左转 90°，右脚向前上步成右弓步。同时右手持刀向左上，使刀经左肩外侧向右后而后向左前平扫，右手放于左腋窝下；左掌掌心向上架于头顶上方，目视前方（图 23）。

图 23

（2）上动不停，身体左转 90°，右脚提起绷直放于左膝前上方。同时左掌下落竖于右肩前，右手持刀向右平扫，使刀刃朝后竖于背后，目视前方（图 24）。

（3）上动不停，右脚向右落地成右弓步。同时，右手经左肩上方向右上拉刀，使刀背向里置于左臂。右手高与耳平，左手掌心朝下贴于右腕，目视左前方（图 25）。

图 24

图 25

18. 歇步扫刀

身体左转，右脚向前上步。身体左转，左脚向右脚后插步，双腿下蹲成歇步。同时右手持刀向右平扫，左掌掌心朝上架于头顶，目视右前方（图 26）。

图 26

19. 提膝刺刀

左掌位置不变，身体左转 270°。右手持刀直臂向左前平扫。右脚提起绷直放于左膝前上方。左掌向下贴于右腕。身体左转 180°，在右脚下落的同时，左脚提起绷直放于右膝前上方。右手持刀向前平刺，左掌立掌放于右胸前，目视右前方（图 27）。

图 27

20. 弓步刺刀

左脚向后落地，右手下落使刀尖位于右腿内侧，身体左转 180° 成左弓步。右手持刀向前平刺，臂与肩平，力达刀尖。左掌立掌贴于右肩窝处，目视前方（图 28）。

图 28

21. 缠头裹脑

（1）右脚向前上步，左脚再上一步，成左弓步。同时右手持刀向左上，使刀经左肩外侧向右后，而后向左前平扫，放右手于左肩窝处。左掌掌心向上架于头顶上方，目视前方（图 29）。

（2）上动不停，右脚提起绷直放于左膝前上方。同时左掌下落竖于右肩前，右手持刀向右后平扫，使刀刃向后竖于背后，目视前方（图 30）。

图 29

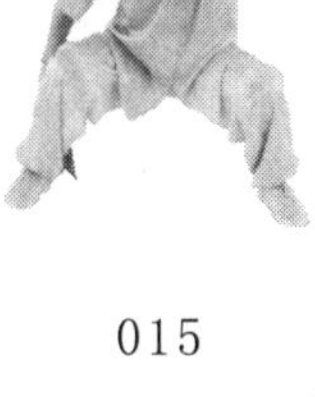

（3）上动不停，身体右转 180°，右腿向后落地下蹲，左脚脚尖点地成左虚步。同时右手经左肩上方向右后拉力，使刀贴于右腿外侧。左掌立掌向前推出，指与鼻平，力达左掌，目视前方（图 31）。

图 30

图 31

22. 弓步刺刀

右脚向前上步成右弓步。同时右手持刀向前平刺，臂与肩平，力达刀尖；左掌立掌后推，臂与肩平，目视前方（图 32）。

图 32

23. 跪步左右隔刀

重心微后移，双手向体前合拢而后外分，使刀向外竖隔于体右侧，刀尖向上。右腿下蹲，左腿向前跪屈成跪步。同时双手向右膝内上侧合拢，使刀斜立于体前，刀尖高与头平，左掌贴于右腕，目视前方（图 33）。

图 33

24. 刀里藏身

左脚向前上步成左弓步。右手持刀，使刀向右后下而后向前上运行。同时左掌掌心向前横于胸前，使刀刃向上，刀尖向下，架于左前臂中段；右手位于头顶上方，目视前方（图 34）。

图 34

25. 刀里藏身

身体右转 180°，左掌位置不变，右脚向后退步成左弓步。同时，右手持刀向右后下而后向前上，使刀刃向上，刀尖向下架于左前臂中段，右手位于头顶上方，目视前方（图 35）。

图 35

26. 刀里藏身

身体右转 180°，左掌位置不变，左脚向前上步成左弓步。同时，右手持刀向右后下而后向前上，使刀刃向上，刀尖向下，架于左前臂中段，右手位于头顶上方，目视前方（图 36）。

图 36

27. 提膝刺刀

右脚提起绷直放于左膝前上方。同时身体左转180°，双臂下压使刀刃向下，刀尖向前平放于体右侧。右脚下落，同时身体左转，左脚提起绷直放于右膝前上方，右手持刀向右平刺，左掌立掌放于右胸前，目视右前方（图 37）。

图 37

28. 弓步刺刀

左脚向左落地，右手下落使刀尖位于右腿内侧，身体左转 90° 成左弓步。右手持刀向前平刺，臂与肩平，力达刀尖；左掌立掌贴于右臂手腕内侧，目视前方（图 38）。

图 38

29. 缠头裹脑

（1）右脚向前上步成右弓步。同时右手持刀向左上，使刀经左肩外侧向右后，而后向左前平扫，放右手于左腋窝下。左掌掌心向上架于头顶上方，目视前方（图 39）。

（2）上动不停，身体左转 90°，右脚提起绷直放于左膝前上方。同时左掌下落竖于右肩前，右手持刀向右后平扫，使刀刃向后竖于背后，目视左前方（图 40）。

（3）上动不停，右脚向后落地，身体左转 90°，右腿下蹲，左脚脚尖点地成左虚步。同时右手经左肩上方向右后拉刀，使刀贴于右腿外侧；左掌立掌向前推出，指与鼻平，力达左掌，目视前方（图 41）。

图 39

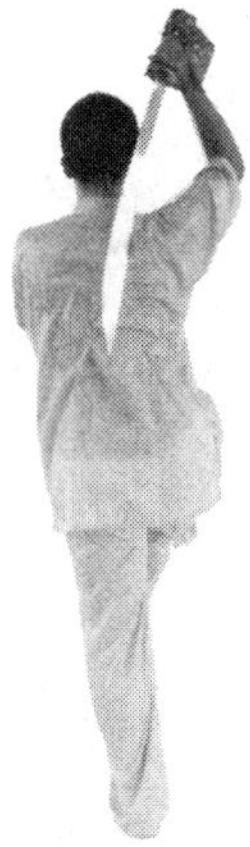

图 40

图 41

30. 劈刀

（1）身体右转 90°，左掌立掌竖于右肩前，右手持刀向上经头顶向后，而后向左前斜下劈，右手放于左肩窝处，背刀于左臂后，目视前方（图 42）。

（2）上动不停，身体右转 90°，右脚向前上步成右弓步。同时右手持刀前下劈，目视前方（图 43）。

（3）起身，双腿起立，左脚向前上步，脚尖点地成前点步。同时右前臂外旋向右后上架于头顶，右手持刀放于右腿外侧，目视前方（图 44）。

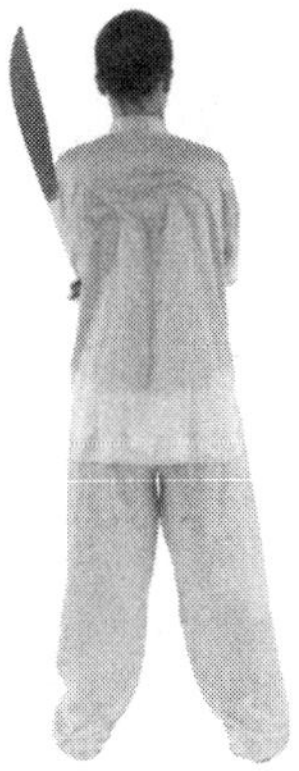

图 42

图 43

图 44

31. 弓步刺刀

右脚向前上步成右弓步。同时右手持刀前刺，左掌立掌后推，双臂与肩平，力达刀尖，目视前方（图 45）。

图 45

32. 三舞花

起身，左掌立掌竖于右肩前，右手握刀，臂内旋，以手腕为轴，使刀向前下经右臂内侧向上绕行一圈，上动不停，臂外旋，以手腕为轴，使刀向后下经右臂外侧向上绕行一圈，上动不停，臂内旋，手腕反拉，使刀背于后背，目视前方（图 46 ～ 48）。

图 46

图 47

图 48

33. 旋风脚

身体向左后旋转 360°，左脚提起。右脚随身体旋转做旋风脚，左手掌前向前以掌心击打右脚掌，目视前方（图 49）。

图 49

34. **仆步拉刀**

上动不停，右脚向后落地，右手向左上撩刀。右腿提起绷直放于左膝前上方，身体右转90°。右腿向后落地下蹲，左腿绷直下落成左仆步。同时，右手持刀右后拉，左掌贴于刀背，使刀尖向前斜于右腿前，目视左前方（图 50）。

图 50

35. **缠头裹脑**

（1）双腿起立，身体左转，右脚向前上步成右弓步。同时右手持刀向左上使刀经左肩外侧向右后，而后向左前平扫，右手放于左腋窝下；左掌掌心向上架于头顶上方，目视前方（图 51）。

（2）上动不停，右脚提起绷直放于左膝前上方。同时左掌下落竖于右肩前，右手持刀向右后平扫，使刀刃向后竖于背后，目视前方（图 52）。

图 51

图 52

（3）上动不停，身体右转 180°，右腿向后落地下蹲，左脚脚尖点地成左虚步。同时，右手经左肩上方向右后拉刀，使刀贴于右腿外侧。左掌立掌向前推出，指与鼻平，力达左掌，目视前方（图 53）。

图 53

36. 弓步刺刀

左脚向前上步成左弓步。同时右手持刀向前平刺，臂与肩平，力达刀尖；左掌立掌贴于右臂手腕内侧，目视前方（图 54）。

图 54

37. 退步劈刀

右脚向前上步，身体左转 180°，右手持刀右上撩，左脚向后退步。同时右手向右后下劈刀；左掌立掌前推，指尖高与头平，目视右前方（图 55）。

图 55

38. **翻身劈刀**

身体左转 180°，右手持刀右上撩，右脚向前上步成马步。同时右手向右劈刀，刀尖与头平；左掌向上架于头顶上方约 8 厘米处，掌心向上，目视右前方（图 56）。

图 56

39. **翻身劈刀**

身体左后翻转 360°，落地成马步，右手持刀随身体划立圆，向右劈刀，刀尖与头平，左掌向上架于头顶上方约 8 厘米处，掌心向上，目视右前方（图 57）。

图 57

40. **弓步刺刀**

（1）双腿起立，左脚提起绷直放于右膝内上侧。同时右手向左胸前抽刀，刀刃向上，左掌向下贴于右腕，目视右前方（图 58）。

图 58

（2）上动不停，左脚下落，同时右脚向右上步成右弓步。同时右手持刀向右平刺，力达刀尖；左掌立掌左推，双臂与肩平，目视右前方（图 59）。

图 59

41. 英雄坐山

身体右转 90°，右腕内旋使刀刃向下竖于体前，左手向前，虎口向上接刀，右脚震地，上体右转，左脚上步，双腿下蹲成马步。左手持刀，刀背贴于左臂后，垂直放置左腰外侧，右手变拳，拳心向上架于头顶，同时发音“威”，目视左前方（图 60）。

图 60

42. 收势

双腿起立，右脚向左与左脚并步，右拳拳心向上收于腰间，然后变掌自然下垂，左手持刀，刀背向后贴于右肩，目视前方（图 61、图 62）。

图 61

图 62

第三章　四十八名枪

第一节　枪术基本动作练习

枪各部位名称及枪术礼节

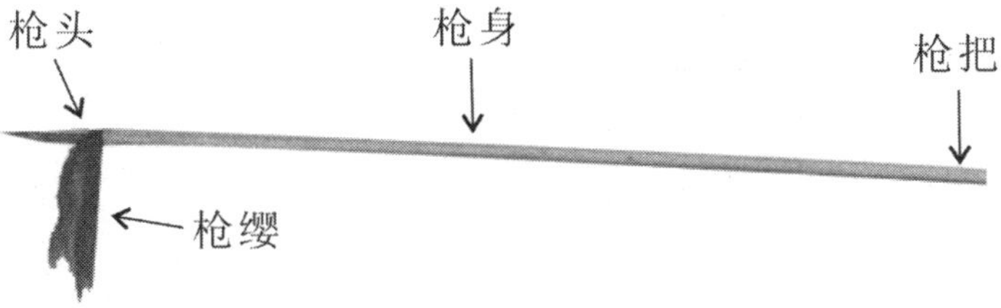

1. 持枪礼

动作步骤：右手握枪把端处，屈臂于胸前，枪身直立，枪尖向上；左手成侧立掌，掌指向上，掌心与右手指根节、指面相贴，两手与胸平，肘略低于手，目视受礼者（图 1）。

2. 递枪礼

动作步骤：双手握枪把端处，左手在上，两臂屈肘，枪垂直于地面，枪尖朝上，目视接枪者（图 2）。

3. 接枪礼

动作步骤：开步站立，两手虎口向上，上下靠拢，左手在上，右手在下，靠近递枪者手下部接握，目视对方，双手接枪（图 2）。

图 1

图 2

枪术基本动作练习

1. 拦拿扎枪

动作步骤：

（1）马步拦枪：左手握枪身中段向上翻腕，枪尖斜向上，向左绕半圆；

图 3

右手握枪把随之在腰间转动，目视枪尖方向（图 3）。

（2）三七分马步拿枪：左手握枪身向下翻腕，枪尖向上，向右绕半圆；右手握枪把随之在腰间转动，目视枪尖方向（图 4）。

（3）弓步平扎枪：重心前移，左腿屈膝半蹲前弓，右腿伸直成左弓步。同时左手握枪身中段；右手握枪把由腰间快速向前用力前推，使枪尖向前平伸扎出，目视枪尖方向（图 5）。

要求：

（1）拦枪：枪尖向左下方划弧，高不过头，低不过胯。

（2）拿枪：枪尖向右下方划弧，高不过头，低不过胯。

（3）扎枪：使枪直出，力达枪尖，平扎枪成水平；上扎枪高不过头，低不过肩；下扎枪高不过膝，低不触地。

图 4

图 5

2. 左右舞花枪

动作步骤：两手握枪身中段，贴身立圆舞动，动作要快速连贯（图 6 ～ 9）。

要求：枪要贴近身体，立圆绕行，速度要快，动作要连贯。

图 6

图 7

图 8

图 9

3. 绞枪

动作步骤：

（1）左绞枪：右手握枪把逆时针方向绕圆，左手握枪身自然配合，使枪尖以左手为轴逆时针方向绕立圆，目视枪尖方向（图 10）。

（2）右绞枪：与左绞枪相同，顺时针方向绞枪（图 11）。

要求：枪尖绕圆不要太大，以直径约为 30 厘米绕圆，枪尖高不过头，低不过胯，要圆滑协调。

图 10

图 11

4. 点枪、崩枪

动作步骤：

（1）扣腿点枪：①左手握枪身上挑，右手握枪把随即从右腰侧移至腹前，左手在向上挑时向上滑握，目视前方。②重心移至左腿，右腿屈膝提起，右脚背扣于左膝后，右手向前推枪，屈腕过头，左手向下滑落握至枪把端右手前，使枪尖下点，目视枪尖方向（图12）。

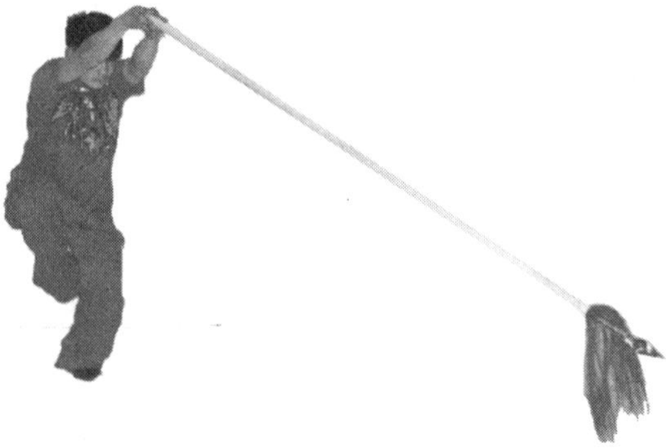

图 12

（2）弓步崩枪：右脚向后方撤一步，身体右转，右腿屈膝，左腿蹬直成右弓步。同时右手握枪向后抽，按至右腹前；左手向前滑推至枪身中部，并向下沉压，使枪尖用力上崩，枪尖略高于肩，目视枪尖方向（图13）。

图 13

要求：

（1）点枪：枪尖由上向下短促用力，力达枪尖。

（2）崩枪：枪尖向上或向左，或向右，短促用力崩弹，力达枪尖。

5. 穿枪

动作步骤：

（1）穿把：①右手向后拉枪，臂外旋，后掌心向上托枪把；左手随之滑握枪身前端，枪身平放于胸前，两臂伸展，目视右方（图 14）。②左手向右推送，使枪杆在右掌上平滑穿行，左手松开枪身；右手及时握住枪樱处，两臂伸直，目视枪把方向（图 15）。

（2）穿枪：①右手向后拉枪，臂外旋，使掌心向上托枪把，左手随之滑握枪身前端，枪身平放于胸前，两臂伸展，目视右方（图 16）。②左手向前推送，使枪杆在右掌上平滑穿行，左手松开枪身，右手及时握住枪把处，两臂平伸，目视枪尖方向（图 17）。

要求：枪身要贴身穿行，枪要直出。

图 14

图 15

图 16

图 17

6. 挑枪、劈枪

动作步骤：

（1）提膝挑枪：身体略左转，右腿伸直，左腿屈膝提起，脚尖向下。同时左手握枪把直臂上挑，右手握枪身中部从右腰侧移至腹前，目视前方（图18）。

（2）跟步劈枪：左脚向前落一步，右脚随即跟上，左右腿前后屈膝半蹲，右脚前掌着地。同时左手握枪身用力下劈，力达枪前端，目视枪尖方向（图19）。

要求：

（1）挑枪：枪杆用力上挑，力达枪尖。

（2）劈枪：双手握枪，由上向下用力快猛下劈，力达枪前端。

图 18

图 19

第二节　四十八名枪

动作名称详解

1. 预备式

两脚并步站立，左手自然下垂，右手拿枪上举放于身体右侧，挺胸塌腰，头正颈直，目视前方（图 1）。

2. 起势

右手拿枪，身体右转 90°，两脚并拢，右手前伸握于枪把，枪头触地，目视前方（图 2）。

3. 站立步

身体由左向后转，右脚原地不动，左脚向右后方上半步，右手自然跟动，左手成立掌放于胸前，目视前方（图 3）。

图 2

图 1

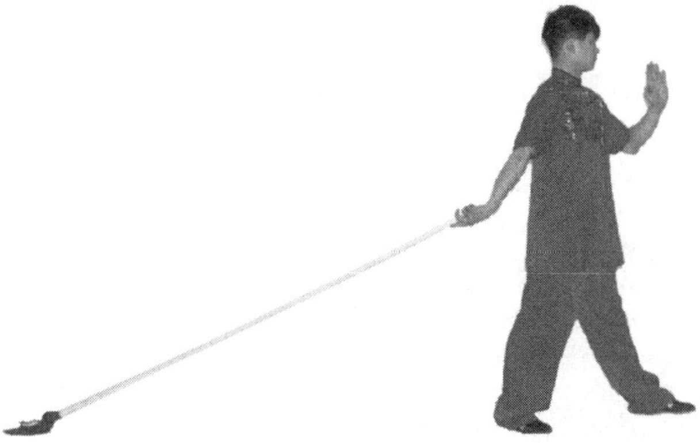

图 3

4. **旋风脚**

右脚上步，身体向左后方旋转 360°，左腿提膝收于腰间，右脚跟随左脚在空中击响后双脚落下。同时右手换左手握枪，目视前方（图 4）。

图 4

5. **震脚弓步亮枪**

左脚微抬起，落下震脚，右脚向右跨一步成弓步。左手亮枪；右手从腰间握拳冲出，回收于右耳上方，手高不过头，目视枪尖方向（图 5、图 6）。

图 5

正面

反面

图 6

6. 跳步拦拿扎枪

跳步抽枪，落地成马步，做出拦拿，马步转弓步扎枪，目视前方（图7～11）。

图 7

图 8

图 9

图 10

图 11

7. 虚步亮枪

左脚成虚步，同时右手拉枪把至头顶成虚步亮枪，目视前方（图 12）。

8. 跳步拦拿扎枪

右手握枪收于腰间，跳起空中拦枪，落地马步拿枪，转弓步扎枪，目视前方（图 13 ～ 16）。

图 12

图 13

图 14

图 15

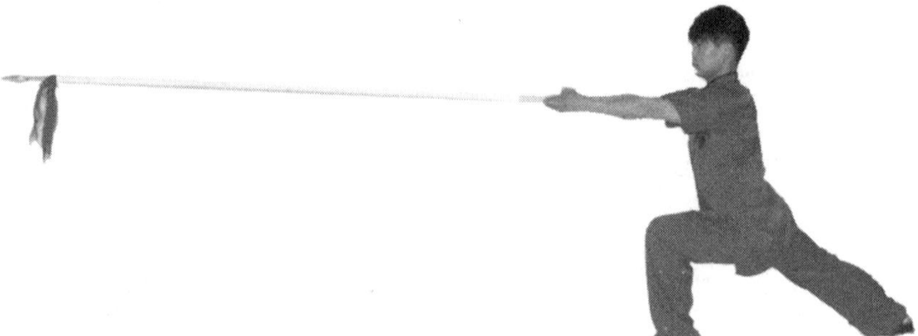

图 16

9. **提膝格挡**

右手拉枪，左手带动身体向左方滑枪，然后左腿提膝抽枪格挡，身体转正，目视前方（图 17、图 18）。

图 17

图 18

10. **跳步拦拿扎枪**

跳步抽枪，落地成马步，做出拦拿，马步转弓步扎枪，目视前方（图 19 ～ 22）。

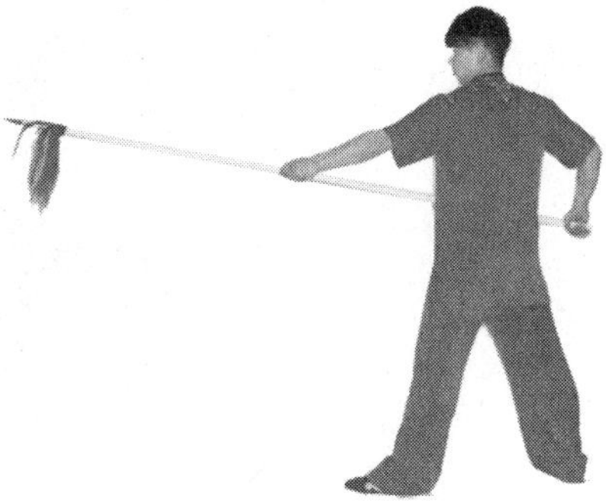

图 19

图 20

图 21

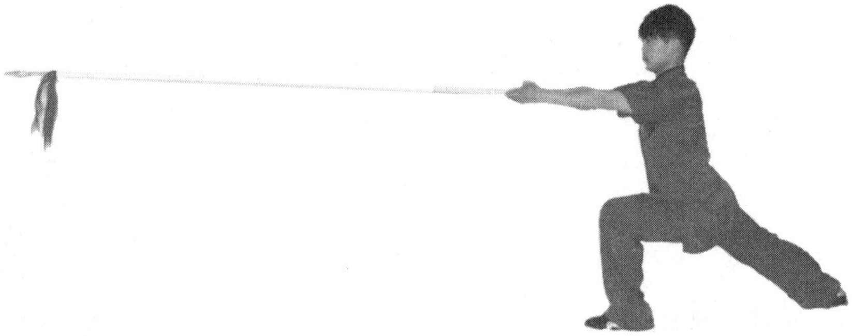

图 22

11. 左斜角弓步扎枪

右手提枪把，收至腰间，身体转向左斜方。同时右腿提膝插向右斜后方，变马步拦拿，变弓步扎枪，目视枪尖方向（图 23 ～ 25）。

图 23

图 24

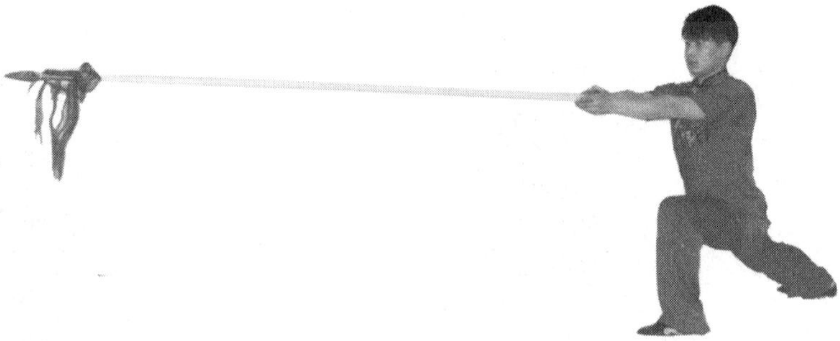

图 25

12. 右斜角弓步扎枪

右手收枪至腰间，身体转向右斜方。同时右腿提膝插向右斜后方，变马步拦拿，变弓步扎枪，目视枪尖方向（图 26 ～ 28）。

图 26

图 27

图 28

13. 正前方弓步扎枪

右手提枪收于腰间，右腿提膝，身体转正，然后右脚落地成马步拦拿；身体左转 90° 成弓步，弓步正前方扎枪，目视前方（图 29 ～ 31）。

图 29

图 30

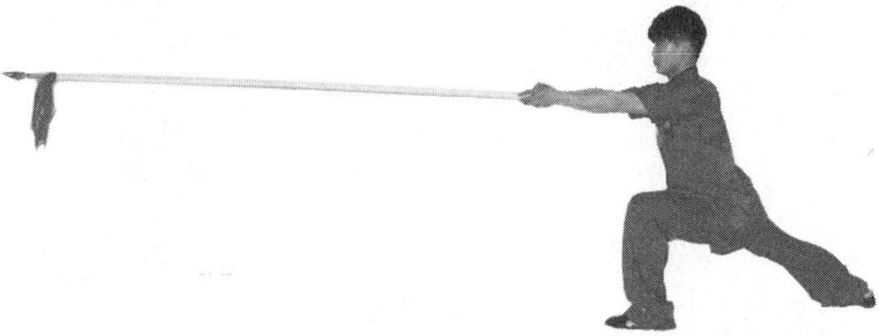

图 31

14. **马步戳把**

右手往回拉枪，同时转马步，身体面向前方。以身体为中心，两手将枪头和枪把分开，右手成戳把姿势，目视枪把方向（图 32）。

正面　　　　反面

图 32

15. **歇步压枪**

左脚向右前方上半步，下蹲成歇步，然后两手分握枪身下压，目视右下方（图 33）。

正面　　　　反面

图 33

16. **空中拦枪**

双腿跳起，同时右腿提膝，右手成拦枪姿势，左手伸直托枪，与右手保持平行，目视枪把方向（图 34）。

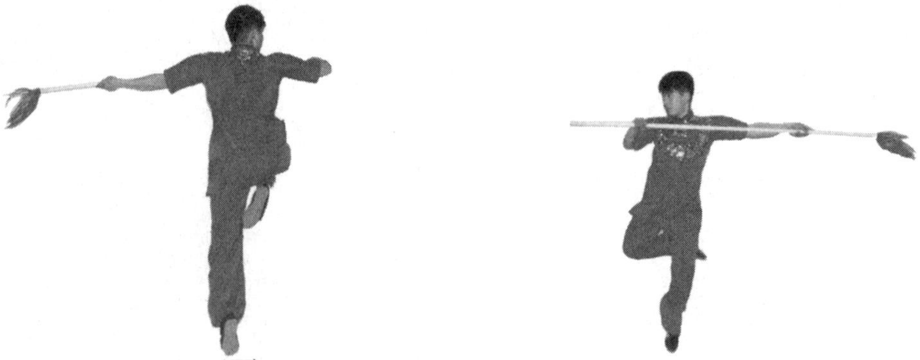

正面　　　　反面

图 34

17. 马步压枪

双脚落地，成马步状，右手下压枪于脚踝处，左手略高于右手，目视右下方（图 35）。

正面　　反面

图 35

18. 提膝压枪

左腿提膝，右腿直立，同时左右手向内旋，右手屈于胸前，左手向前拉开，两手成平行状，目视前方（图 36）。

正面　　反面

图 36

19. 弓步架挡

左脚落地成马步，右手落于腰间，左手不动，由马步变为左弓步。同时双手架枪于头顶斜上方，目视枪身方向（图 37）。

图 37

20. **拦拿扎枪**

原地由弓步变为马步，右手握枪把收于腰间，左手托枪，由马步转弓步。同时做拦拿扎枪，目视前方（图 38 ～ 40）。

图 38

图 39

图 40

21. **马步压枪**

身体右转成右弓步，右手向后戳枪，提右膝，左手收于右膝内侧。同时右手举枪于斜上方，上步转身，落成马步，右手下压。同时左手沿枪身经右上、右手沿枪身经左下，在身体前折叠，左手在上，右手在下，目视枪尖方向（图 41 ～ 44）。

图 41

图 42

图 43

图 44

22. 右弓步扎枪

左手由枪身滑至枪把，右手由枪把滑至枪身。然后右臂伸直，左手握枪把贴于右肩窝处，马步变右弓步扎出，目视前方（图 45）。

图 45

23. 虚步点枪

由弓步变为站立姿势，左手向后拉，两手伸直，枪身贴于胸前，身体左转 180°，右手带动枪头，舞花一周。左手握枪身，枪把压于左腋下，右手伸直托枪，上右脚成右虚步点枪，目视枪尖方向（图 46 ～ 48）。

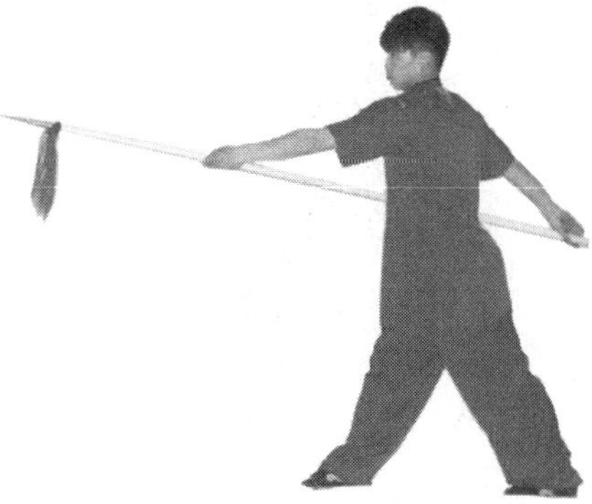

图 46

图 47

图 48

24. 跳步弓步扎枪

由右手带动枪头，身体右转，枪贴身划一周，然后左脚跳起向前；右脚紧接左脚向前跳起，落地成马步。左手握枪把于腰间，右手伸直托枪，马步变弓步扎出，目视前方（图 49 ～ 54）。

图 49

图 50

图 51

图 52

图 53

图 54

25. **转身跳起压枪**

收枪，两臂左右平举，两手握枪，成开步站立。右手带动枪头，向左划一周；身体向左后翻转 360°，空中双手举枪，展开背枪，成背腰姿势，落地成马步压枪。左手握于枪把，右手握枪身，压至膝关节前方，目视枪尖方向（图 55 ~ 59）。

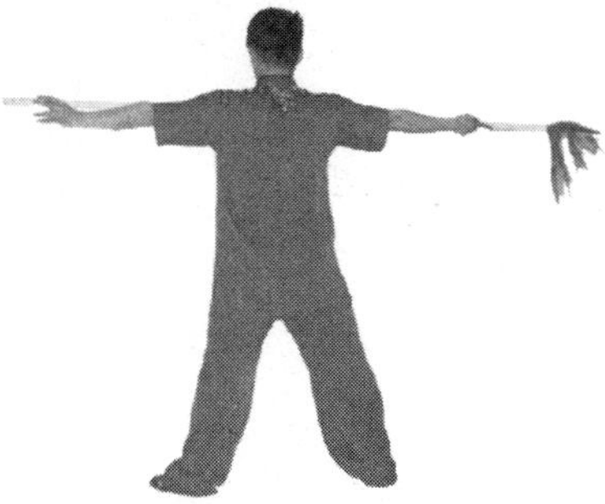

图 55

图 56

图 57

图 58

图 59

26. 回马枪

用右手带动枪头，提右膝，身体右后旋转 360°，落地成左弓步下扎枪。左手握枪把收与肩平；右手握于枪身，略低于左手，目视枪尖方向（图 60、图 61）。

图 60

图 61

27. 凤凰点头

右手带动枪头向上划半周，身体左转，枪头点于身体正前方；右手握枪身，左手压枪把于右腋下，目视枪尖方向（图 62）。

图 62

28. **虚步格挡**

由右手带动枪头，向后方抡一周，身体跟随右转 360° 。左脚向后跳步，身体右转，重心下压成虚步。左、右手伸直托枪身向前推出，目视前方（图 63 ～ 65）。

图 63

图 64

图 65

29. **左右挑枪**

右手带动枪头向后方抡半周，向前挑起。同时上右步成马步挑枪，身体右转，左脚向前上步成马步，右手下压于腰间，左手上挑，目视前方（图 66 ～ 68）。

图 66

图 67

图 68

30. 转身刺枪

身体右转，枪头向右后方扎出，左手握枪把拉至头顶斜上方，右手伸直握于枪身，成高弓步，目视枪尖方向（图 69）。

图 69

31. 左右平扫枪

两手交换，右手握枪把放于腰间，左手托枪身略高于右手；右手向前滑动握于枪身，左手下滑握于枪把，左右脚跃起交换，身体跟随。同时举枪于头顶，枪跟随身体在头顶平扫，左手上滑于枪身，右手下滑于枪把；身体右转，左右脚跃起交换，身体跟随，目视前方（图 70 ～ 73）。

图 70

图 71

图 72

图 73

32. 上步盖把

右脚向前上步，同时右手举枪于头顶，左手握枪于右膝内侧，右手握枪下压，成马步，目视右下方（图 74、图 75）。

图 74

图 75

33. 弓步扎枪

左手带动枪头向前抡半周下压，成马步。左手在上托枪，右手藏于左腋下，然后左手松枪，右手向前滑动至枪把，左手松枪。同时马步变为右弓步，右手单握枪把向前扎出，左手向后推掌，目视前方（图 76、图 77）。

图 76

图 77

34. 跪步扎枪

枪头落地，右手发力上挑，使枪在空中旋转半周，右手接住枪头，使枪上下垂直，左手不动。之后上步提左膝，左手立掌向后拉伸，上步提右膝，左

脚落地，右腿提膝上步，右手伸直举枪。同时右手发力下落成跪步扎枪，左掌变拳收回腰间，拳心朝上，右手握枪头，枪头与膝盖平，目视枪尖方向（图 78 ～ 81）。

图 78

图 79

图 80

图 81

35. 弓步背枪

身体左后转，使枪头面向前方，枪身放在右肩上，提右脚，右脚落地，左脚向前跳步成弓步，左手握拳放于腰间，右手握紧枪头向前扎出，目视前方（图 82 ～ 84）。

图 82

图 83

图 84

36. 左右穿梭

左腿提膝，右手握于枪头下压，使枪把由后至前划半周，停于斜上方，左脚向后插步。同时右手向后贴身扎向后下方，左手托枪滑于枪身，右腿提膝后撤；右手送枪于胸前，向左后方贴身扎出，左手不动；右手送枪于胸前，然后身体右转同时向右后方扎出，目视后下方（图 85 ～ 90）。

图 85

图 86

图 87

图 88

图 89

图 90

37. 穿枪

身体左转，右手向前扎出，成弓步扎枪，高与肩平；两脚分开站立，两手平行，托枪于胸前，左手向右手送枪，右手滑枪握于枪把，左手后推掌。同时右臂伸直向前穿出，然后身体右转，右脚和左脚跳动交换，跳动同时拦枪，落地马步拿枪，变弓步扎枪，目视枪尖方向（图 91 ～ 96）。

图 91

图 92

图 93

图 94

图 95

图 96

38. 上步盖把

右手抽枪回拉，身体右转，左手握至枪头，右手向上抬起，枪把斜于上方。同时提右膝，然后向前上步，右手从上向前盖把，成马步，目视枪把方向（图97、图98）。

图 97

图 98

39. **转身弓步扎枪**

身体转向左后方，右脚向前上步。同时两手握于枪身，枪头朝上，枪把垂直朝下，两手带动枪头由右后方向前撩枪。同时身体左转，右手滑至枪把，身体后转，向前上步，右手发力向前扎出。同时左手滑至枪把，成弓步扎枪，目视枪尖方向（图 99 ～ 104）。

图 99

图 100

图 101

图 102

图 103

图 104

40. 翻身压枪

身体右转，左手滑至枪头，两脚分开站立，两手平举，托枪于胸前，身体右转。同时两手滑于枪身，左脚向前上步同时舞花枪。然后右手滑至枪把，转身向后腾空跳起，空中左手伸直托枪，右手举枪于头顶，两臂展开，身体向右后翻转360° 下落成马步压枪。右手握枪把下压于右膝前，左手压枪，目视枪尖方向（图105 ～ 110）。

图 105

图 106

图 107

图 108

图 109

图 110

41. 弓步扎枪

马步转弓步，同时右手发力向前扎出，左手滑至枪把，成弓步扎枪，目视前方（图 111）。

图 111

42. 弓步扛枪

右手抽枪于右后方，左手滑至枪头，提膝上步，落地马步盖把。枪头由左向右划半周，右手带枪藏于左腋下，左手滑至枪把与肩平，右手向前扎出，同时马步转右弓步。身体左转，左手回拉，右臂弯曲使枪身扛于右肩上。同时右弓步转成左弓步，目视前方（图 112 ～ 116）。

图 112

图 113

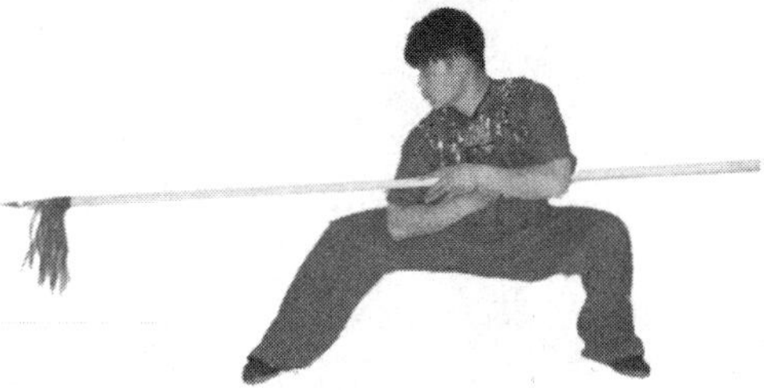

图 114

图 115

图 116

43. 转身仆步劈枪

右脚向前上步，左手滑至枪把，右手握于枪身，枪随身体同时转向右后方，两手同时滑至枪身，向前撩枪，身体右转。同时舞花枪，下落左仆步劈枪，目视前方（图 117 ～ 122）。

图 117

图 118

图 119

图 120

图 121

图 122

44. **并步扎枪**

身体站起，左手滑至枪把，右手发力向前扎出，同时右脚向前并步站立，目视前方（图 123、图 124）。

图 123

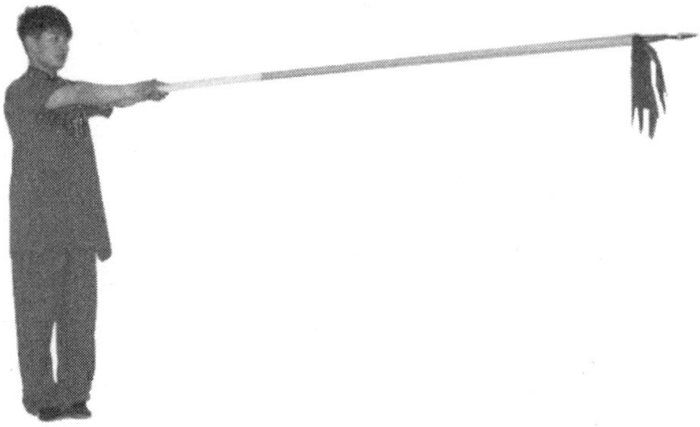

图 124

45. **弓步背枪**

右脚向后撤步，左手滑至枪身，同时向后转身，枪头由上至下背于身后。右手握拳于腰间，提左膝，下落时腾空起右脚。同时伸右手击打右脚面，落地后右脚向前上半步，身体左转下蹲成马步，右拳放于左腰间，马步转弓步。同时右手从左腰间拉肩格挡，同时发音“威”，目视左后方（图 125 ～ 131）。

图 125

图 126

图 127

图 128

图 129

图 130

图 131

46. 收势

身体左转，右手握于枪身，左手带动枪头，从左后方向前抡一周，放于身体右侧，右手握于枪身，收左步。同时左手抱拳于腰间，自然目视前方（图 132 ～ 135）。

图 132

图 133

图 134

图 135

第四章　杨家枪

杨家枪各部位名称

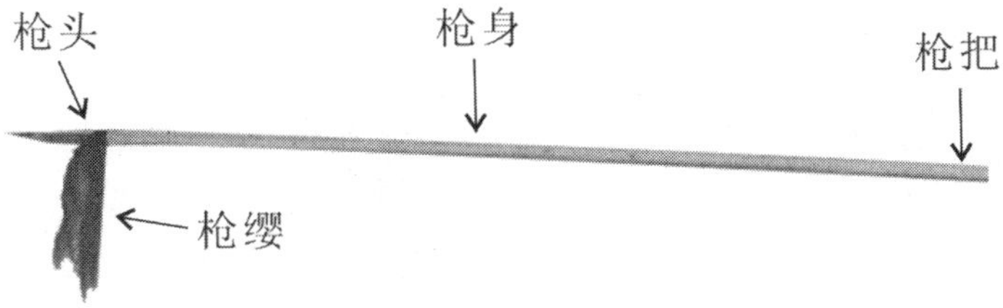

动作名称详解

1. 预备式

两脚并步站立，右手握枪置于身体右侧，枪把着地，左手自然下垂，目视前方（图 1）。

2. 起式

左脚向左开步，与肩同宽，左手握拳抱于腰间，头向左摆，目视左前方（图 2）。

图 1

图 2

3. 虚步架枪

右脚向右侧踢枪把落地屈膝下蹲，左脚尖点地成左虚步，同时右手滑握枪把，手腕外旋上举至头顶；左手持枪于体前，高与肩平，枪尖向前斜下方，目视前方（图 3、图 4）。

图 3

图 4

4. 弓步拿扎枪

左脚向前上步成马步，同时右手握枪把，手腕内旋收于腰间，左手持枪外旋成拿枪，目视前方。身体左转成左弓步，右手握枪向前扎枪，高与肩平，目视前方（图 5、图 6）。

图 5

图 6

5. 转身劈枪

回身右转成右弓步，右手握枪回拉，左手上托，滑把下压，枪由上向右前下劈枪，右手握枪把于左腋下，高与肩平，目视前方（图 7、图 8）。

图 7

图 8

6. 歇步穿枪

左脚向前上步，枪尖由上向后划圆一周，目视枪尖，右脚向左腿后插步，两腿下蹲成歇步，右手握枪把往左斜上方扎枪后收于胸前，目视枪尖方向（图 9、图 10）。

图 9

正面　　反面

图 10

7. 舞花马步劈枪

右脚向右跨步，枪尖向上、向右下舞花一周。同时左脚向前上步，两手持枪由上向下劈出，枪尖高与肩平，目视枪尖方向（图 11 ～ 13）。

图 11

图 12

图 13

8. 翻身马步劈枪

右脚提起，左脚蹬地跳起，身体腾空右后转体 360°，同时两手持枪随身体，由下向上划圆。两脚依次落地成马步，两手持枪向下劈枪，目视枪尖方向（图 14、图 15）。

图 14

图 15

9. 弓步盖把

左手滑握枪缨处，右脚向前上步，身体顺势左转成右弓步，右手滑把由后向前盖击，目视枪把方向（图 16）。

图 16

10. 反手压枪

弓步不变，右手持枪收于左腋下，左手滑握枪身，枪尖由后向前下压，目视前方（图 17）。

图 17

11. 提撩枪

左手握枪，使枪尖向上再向后做提撩，经过身体右侧时两手换把，枪尖向上放于身体右侧，目视枪尖方向（图 18 ～ 20）。

图 18

图 19

图 20

12. 提膝拔枪

枪尖下落于身体后方，身体左后转，左脚提起绷直放于右膝前方。同时左手滑握枪把，枪随身体转动经左膝向左横格，靠于身体左侧，枪尖向下，目视枪尖方向（图 21、图 22）。

图 21

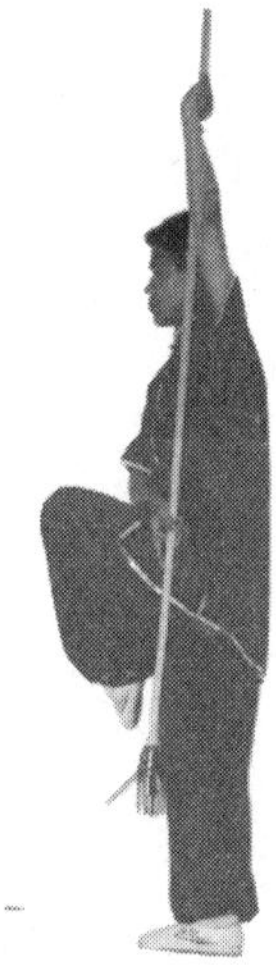

图 22

13. 弓步扎枪

左臂外旋，左手握枪放于腰间；同时左脚向前上步成左弓步，右手滑握枪把，向前扎出，目视枪尖方向（图 23）。

图 23

14. 弓步拿扎枪

左手滑握枪中段，枪尖上挑，由上向后下方划圆，左脚提起，目视枪尖。同时左脚向前上步成左弓步，左手持枪内旋成拿枪；右手握枪向前扎枪，目视枪尖方向（图 24、图 25）。

图 24

图 25

15. 弓步拦拿扎

右脚提膝向前跳，同时右手握枪把上翻至右肩外，左手握枪身外旋，枪尖向左向下向右划弧拦枪，接着右手下翻至腰间，左手内旋，枪尖顺时针划圆一周拿枪，右脚震脚落地，左脚随即上步成马步，右手握把向斜下扎枪，目视枪尖方向（图 26 ～ 29）。

图 26

图 27

图 28

图 29

16. 败式

身体右转成右弓步，右手回抽枪把翻腕放于右肩前，左手向前贴于身体左侧，目视左后方（图 30）。

图 30

17. 回马枪

左脚扒地向后勾撩，脚掌向上；左脚向前落步，右脚扒地向后勾撩，脚掌向上；右脚落地，左脚向后撩起。同时，右手握枪上举，随身体转 90° 经头顶。左脚向左落地成马步，变右弓步再向前扎枪，高与肩平；左手变掌向后推出，高与肩平，目视前方（图 31 ～ 36）。

图 31

图 32

图 33

图 34

图 35

图 36

18. **弓步拦拿扎**

左脚向前上步成马步，同时左手回收握枪中段，右手握枪把收于腰间，右脚提膝向前跳步，同时右手握枪把上翻至右肩处，左手握枪身外旋，枪尖向左向下向右划弧拦枪，接着右手下翻至腰间，左手内旋，枪尖顺时针划圆一周拿枪，右脚震脚落地，右脚随即上步成马步，身体左旋成左弓步，右手握把向前推送扎枪，目视枪尖方向（图 37 ～ 40）。

图 37

图 38

图 39

图 40

19. 舞花马步拿扎枪

起身站立向右后转身，经身体右侧舞花一周，左脚上步成马步，身体左转成左弓步，右手握把向前推送扎枪，目视枪尖方向（图 41 ～ 44）。

图 41

图 42

图 43

图 44

20. **合十架枪**

右手握枪把回抽，身体右转，两腿下蹲成马步，两手同时向上抛枪，两手合十放于体前，接枪于两肘窝处，枪尖向左，目视前方（图 45 ～ 47）。

图 45

图 46

图 47

21. **上抛枪**

两臂同时向前上方发力，使枪向上抛起，同时两手伸出，右手抓枪自然后滑至枪把与肩平；左手抓握枪身放于左侧，目视枪身方向（图 48 ～ 50）。

图 48

图 49

图 50

22. **跳步拦拿扎**

右脚提起向前跳步，同时右手握枪把上翻至右肩处，左手握枪身外旋，枪尖向左向下向右划弧拦枪，接着右手下翻至腰间，左手内旋，枪尖顺时针划圆一周拿枪，右脚震脚落地，左脚随即上步成马步，身体左转成左弓步，右手握把向前推送扎枪，目视前方（图 51 ～ 54）。

图 51

图 52

图 53

图 54

23. **转身舞花枪**

右手抽枪把收于腰间，身体右转，左脚向前跟步。同时两手握枪中段，由左向右立圆舞花三圈，目视前方（图 55 ～ 58）。

图 55

图 56

图 57

图 58

24. 马步劈枪

右手滑握枪把，举枪于头顶，同时左脚提膝，身体右转，左脚落地成马步，左手握枪身，右手握枪把，枪向前下劈出，目视枪尖方向（图 59、图 60）。

图 59

图 60

25. **提膝脚面枪**

右脚向前上步成半蹲步，右腿站立，左脚提膝脚面绷直放于右膝前。同时左手变掌上架于头顶，掌心向上；右手握枪向斜下方扎出，目视枪尖方向（图61、图62）。

图 61

图 62

26. **后跳步拖枪**

左脚落地成马步，左脚再向后跳步。同时左掌在胸前划立圆，重复两次，落地成马步，左掌下落至右肩窝处，右手拖枪，目视右前方（图 63 ～ 65）。

图 63

图 64

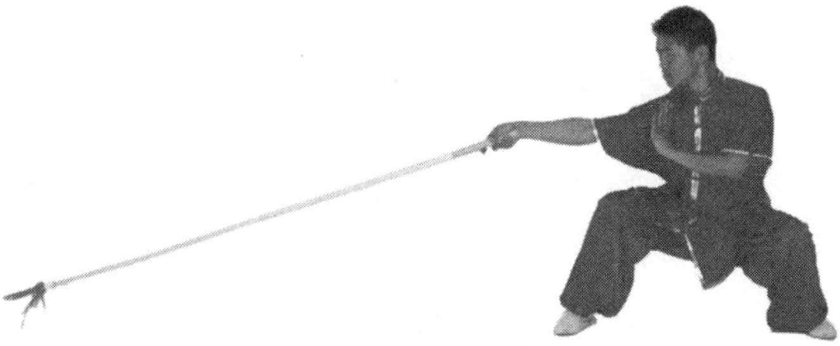

图 65

27. 抛接枪

右手将枪把向前上抛出，使枪身向前、枪尖向后翻转，右手再迎握枪缨处，目视枪尖方向（图 66、图 67）。

图 66

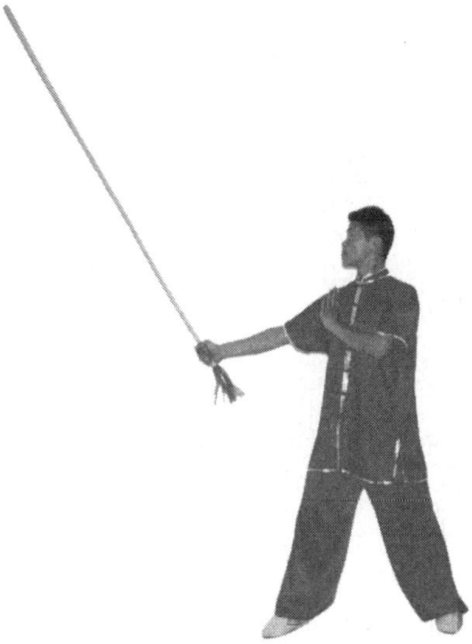

图 67

28. 马步背枪

右手舞枪使枪把由下向后背于左肩上，枪尖向下，枪把向上；左手立掌放于右肩窝处，双腿下蹲成马步，目视前方（图 68、图 69）。

图 68

图 69

29. 背后攒枪

右手握枪向上送出，随即右手接握枪把；左手握枪身，同时收于腰间，枪尖向正前方劈出，目视枪尖方向（图 70 ～ 72）。

图 70

图 71

图 72

30. 马步拦拿扎

握枪向前扎枪，右手握枪把上翻至右肩处，左手握枪身外旋，枪尖向左向下向右划弧拦枪，接着右手下翻至腰间，左手内旋，枪尖顺时针划圆一周拿枪，同时右手握把向前推送扎枪，目视枪尖方向（图 73 ～ 75）。

图 73

图 74

图 75

31. 缠脖枪

右手抽枪回放于身前与肩平，左手拨枪经身前放于右肩上。两手松开，使枪由左至右经后向前绕脖子顺时针一周，右手接枪滑至枪把，放于腰间；左手握枪中段，目视左前方（图 76 ～ 79）。

图 76

图 77

图 78

图 79

32. 跳步拦拿扎

右脚提起向前跳步，同时右手握枪把上翻至右肩处，左手握枪身外旋，枪尖向左向下向右划弧拦枪，接着右手下翻至腰间，左手内旋，枪尖顺时针划圆一周拿枪，右脚震脚落地，左脚随即上步成马步，身体左转成左弓步，右手握把向前推送扎枪，目视枪尖方向（图 80 ～ 82）。

图 80

图 81

图 82

33. 穿枪

右手向右抽拉枪，左手送枪至右手，左手松开，目视枪把方向（图 83、图 84）。

图 83

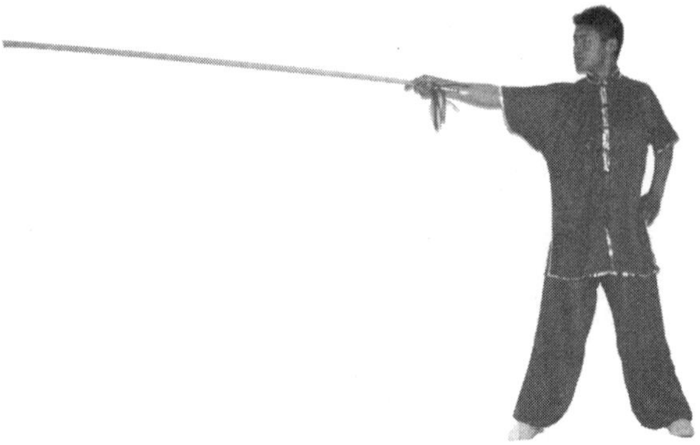

图 84

34. 背后三扎枪

右手往右后拉枪，左手接枪，右脚向后撤步。左手托枪握住枪缨处，右手拉枪经身体右侧向后下方扎出。右手向前送枪至左手，同时左脚向后撤步，右手握枪经身体左侧向后下方扎出。右手再次向前送枪，同时右膝提起，向后落步成右弓步，枪向右膝斜下方扎出，目视枪尖方向（图 85 ～ 89）。

图 85

图 86

图 87

图 88

图 89

35. 穿枪

回身向左前方送枪把，身体右转直立，右手拉枪，左手送枪，使枪向右前平穿，左手松开收于腰间，目视枪尖方向（图 90 ～ 92）。

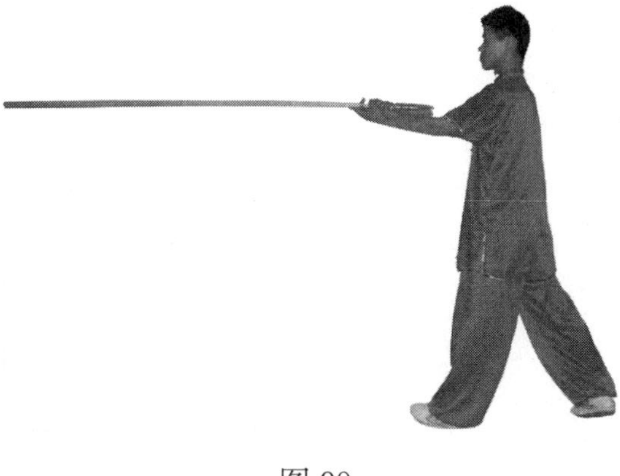

图 90

图 91

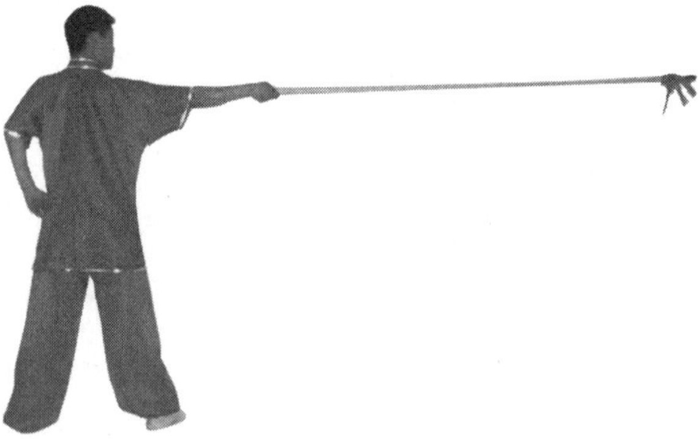

图 92

36. **拦拿扎**

左手抓枪，同时跳换步，身体后转 180°，双脚依次落地变马步持枪。右手握枪把上翻至右肩处，左手握枪身外旋，枪尖向左向下向右划弧拦枪，接着右手下翻至腰间，左手内旋，枪尖顺时针划圆一周拿枪，右脚震脚落地，左脚随即上步成马步，身体左旋成左弓步，右手握把向前推送扎枪，目视枪尖方向（图 93 ～ 95）。

图 93

图 94

图 95

37. **反把踢枪**

右手握枪把回抽放于左腋下，左手握枪内旋。同时左腿站立；右腿提起，脚绷直向枪尖处弹踢，目视前方（图 96、图 97）。

图 96

图 97

38. **翻身下马枪**

身体左后转，右脚向右落地，两腿屈膝成马步。两手持枪，由上向下，枪尖向下竖扎于身体前，目视前方（图 98、图 99）。

图 98

图 99

39. **踢拿扎枪**

右脚提起，用脚内侧踢枪尖，后顺势震脚落于左脚处；同时左脚提起，向前落步成左弓步。右手握枪把收于腰间；左手持枪，内旋成拿枪；右手握枪把向前推送扎枪，目视前方（图 100 ～ 102）。

图 100

图 101

图 102

40. 舞花转回身背枪

身体右后转，两手滑握枪身中段，枪尖由上向下贴身体右侧舞花一周后，背于左肩上，枪尖向上。左手变掌放于右肩窝处，同时震右脚，左脚向前上步成左弓步背枪，目视前方（图 103 ～ 108）。

图 103

图 104

图 105

图 106

图 107

图 108

41. 震脚别枪推掌

右手经背部向前上方送枪，右手迅速回前方接枪，左手顺势拨枪舞花；贴身体右侧舞花一周后震右脚，上左步成左弓步背枪，枪尖向下，左掌成立掌向前推出，目视前方（图 109 ～ 114）。

图 109

图 110

图 111

图 112

图 113

图 114

42. 舞花回身背枪

身体右转，两手滑握枪中段，枪尖由上向下舞花一周，后换枪把。身体继续右转，枪尖由上向下贴身体右侧舞花一周后，背于左肩上，枪尖向上；左手变掌放于右肩窝处，同时震右脚，左脚向前上步成左弓步背枪，目视前方（图 115 ～ 118）。

图 115

图 116

图 117

图 118

43. 震脚别枪推掌

右手经背部向前上方送枪，右手迅速回前方接枪。左手顺势拨枪舞花，贴身体右侧舞花一周后，震右脚上左步成弓步背枪，枪尖向下。左掌成立掌向前推出，目视前方（图 119 ～ 124）。

图 119

图 120

图 121

图 122

图 123

图 124

44. 云顶左弓步拨枪

右手持枪从头顶旋转一周落于胸前，左脚向左跨步成左弓步。左手抓握枪中段使枪与地面平行，由左向右运行；右手持枪停于左腋下，枪与肩平，目视枪把方向（图 125、图 126）。

图 125

图 126

45. 云顶右弓步拨枪

身体右转，以两手为轴使枪在头顶平行旋转，身体继续右转成右弓步。双手持枪，使枪停于右腋下，枪旋转与肩平，目视枪尖方向（图 127、图 128）。

图 127

图 128

46. 舞花劈枪

两手持枪，由前向后经身体左侧再向右侧成立圆舞花，在身体前右手滑握枪把，左手换握枪身向下摔枪。同时右脚向后退步，下蹲成左仆步，枪尖向前，目视前下方（图 129 ～ 133）。

图 129

图 130

图 131

图 132

图 133

47. 提膝崩枪

重心前移，左腿屈膝成左弓步，右手握枪把上抬至胸前。同时重心后移，左脚提起绷直扣于右膝前，右手握枪把回抽于腰间，向左斜前方崩枪，目视枪尖方向（图 134）。

图 134

48. 收势

左脚向斜后落地，左手持枪使枪尖由上向后再往前绕行。同时右脚向右后退步，右手滑握枪身，枪把向下竖立于身体右侧，左脚回收靠于右脚内侧，左手变掌向左前方推出，目视左前方。左手收回自然下垂，目视前方（图 135 ～ 138）。

图 135

图 136

图 137

图 138

第五章　阴手棍

第一节　棍术基本动作练习

阴手棍各部分名称及棍术礼节

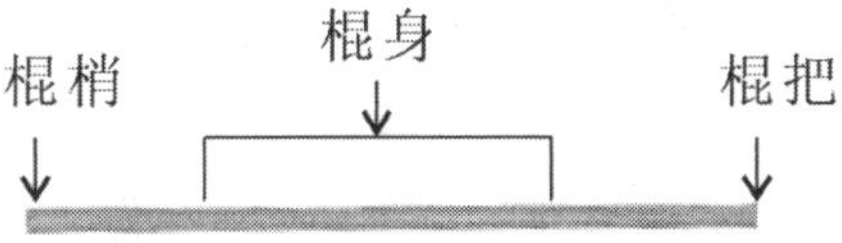

1. 持棍礼

动作步骤：右手握棍把段（靠棍把三分之一处），屈臂于胸前，棍身直立，棍梢向上，左手拇指屈拢成侧立掌，掌指向上，掌心与右手指根节、指面相贴，两手与胸平，两臂外撑，肘略低于手，目视受礼者（图 1）。

图 1

2. 递棍礼

动作步骤：双手靠近握棍之把端（靠近棍把端约棍身 1/3），左手在上，两臂屈圆使棍垂直于地面，棍梢端向上，目视接棍者（图 2）。

3. 接棍礼

动作步骤：开步站立，两手虎口向上，上下靠拢，左手在上，靠近递棍者手下部接握，目视对方，双手接棍（图 2）。

图 2

棍术基本动作练习

1. 劈棍

动作步骤：棍由上向下劈出，迅猛有力，力达棍前端（图 3）。

要求：右手向前下压，两手同时用力，力达棍梢。

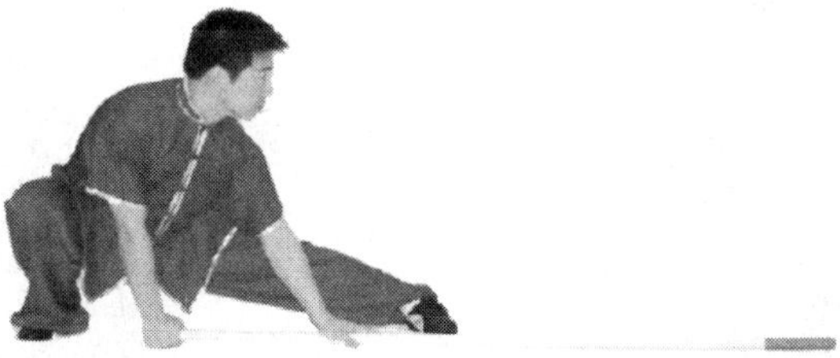

图 3

2. 戳棍

动作步骤：棍梢或棍把直线向前、向侧或向后戳击，力达棍顶端（图4）。

要求：左手滑握棍身，右手伸出时，肘不可外展，要直线平戳，松肩，动作迅速，力达棍前端。

图4

3. 崩棍

动作步骤：右臂屈肘，右手将棍把拉至腰右侧；左手向前滑握至棍身中段，臂伸直，使棍梢向上，棍梢高与头平，目视棍梢方向（图5）。

要求：右手拉棍时，要沉腕下压；左手滑握棍身中段时，要突然紧握。两手短促用力，使棍梢上崩，力达前端。

图5

4. 撩棍

动作步骤：

（1）右撩棍：两手握棍，使棍梢由后贴近右腿外侧向前上方撩出，上体随之微向上左转，右臂屈肘于胸前，右手在左臂外，手心向右上；左手心向左，棍梢高于头，目视棍梢方向（图6）。

（2）左撩棍：两手握棍，使棍梢由左向上、向后贴近左腿外侧，向前上方撩出，上体随之右转，两肘微屈，左手心向上，右手心向下，棍梢高于头，目视棍梢方向（图7）。

要求：左右撩棍，棍要贴近两腿外侧，立圆弧形撩出，棍与身体须协调一致，力达棍前端。

图6

图7

5. **左右舞花棍**

动作步骤：棍要贴近身体，速度要快，动作要连续（图 8 ～ 10）。

要求：舞花棍要连贯，中间不能停顿，棍要贴近身体，立圆舞动，速度快而均匀。

图 8

图 9

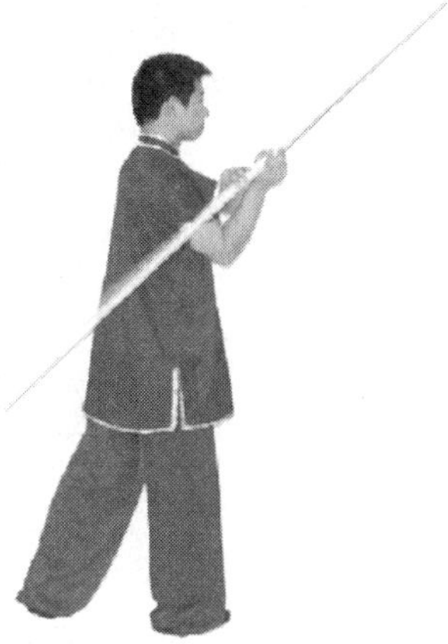

图 10

6. **点棍**

动作步骤：棍梢向下，短促用力，力达棍梢（图 11）。

要求：点棍速度要快，爆发力要猛，力达棍梢。

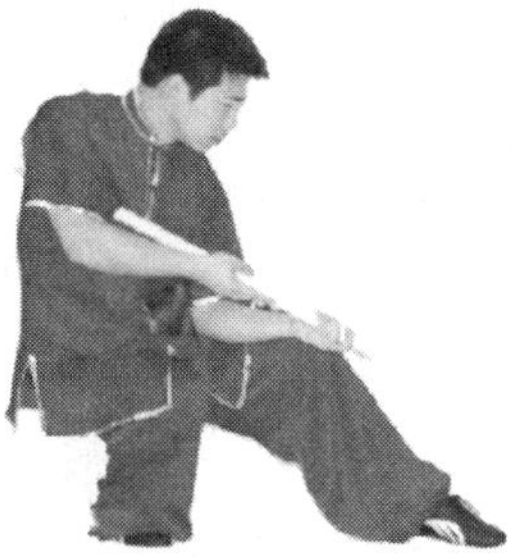

图 11

7. **云棍**

动作步骤：棍在头前上方或上方向左（右）平圆环绕一周，快速有力，力达棍前端（图 12、图 13）。

要求：云棍要圆，速度快，力量均匀。

图 12

图 13

8. 绞棍

动作步骤：

（1）左绞棍：右手握棍梢向逆时针方向绕小圆，左手握棍自然配合，使棍把以左手为轴逆时针方向绕立圆，目视棍把方向（图 14）。

（2）右绞棍：与左绞棍相同，唯绞棍方向顺时针方向。

要求：棍把绕圆不要太大，以直径约为 30 厘米绕圆，棍把高不过头，底不过胯，要圆滑、协调。

图 14

第二节　阴手棍

动作名称详解

1. 预备式

两脚并步站立，左手自然下垂，右手持棍竖立于身右侧，目视前方（图 1）。

2. 起势

左脚向左开步，与肩同宽，同时左手握拳抱于腰间，右手握棍上提，右前臂与地面平行，目视左前方（图 2）。

图 1　　图 2

3. 童子拜佛

右臂内旋，棍稍点地，立于体前。同时左手成侧立掌，经体左侧向上落于胸前，目视前方（图3）。

4. 马步托棍

右脚抬起，向内侧踢棍把，棍在体前，由左向右旋转一周。同时右脚落地，两腿屈膝下蹲成马步，右手握棍停于体前，左手下按于右手握棍处，目视前方（图4、图5）。

图3

图4

图5

5. 抱棍推掌

右腿站立，左腿提起，脚面绷直放于右膝前，右臂屈肘向后拉架于右肩前，同时左掌成立掌向前推出，目视左前方（图6）。

6. 背棍推掌

左脚落地，左掌向下拔棍，使棍在身前划立圆，反手棍于左肩上，同时右脚震地，左脚向前上步成左弓步，左掌向前推出，目视前方（图7、图8）。

图6

图7

图8

7. **马步右挑把**

左手向右腋窝下反手接棍，同时右脚向前上步成马步，双手持棍，棍把由后下向右上挑把，目视棍把方向（图 9、图 10）。

图 9

图 10

8. **马步左挑把**

左脚向前上步成马步，滑把双手持棍，棍梢从后下向左上挑把，目视棍梢方向（图 11）。

9. **弓步盖把**

身体左转成左弓步，同时左手滑至棍梢；右手滑握棍中段，向前盖把，目视前方（图 12）。

图 11

图 12

10. **仆步劈棍**

右脚上步与左脚并齐，左手向右手滑握，使棍梢由左后向前再向右后立圆一周。同时两脚蹬地跳起，两手握棍举于头顶，棍梢向后，两脚依次落地，左脚在前成左仆步，两手握棍，向下劈棍，目视前方（图 13、图 14）。

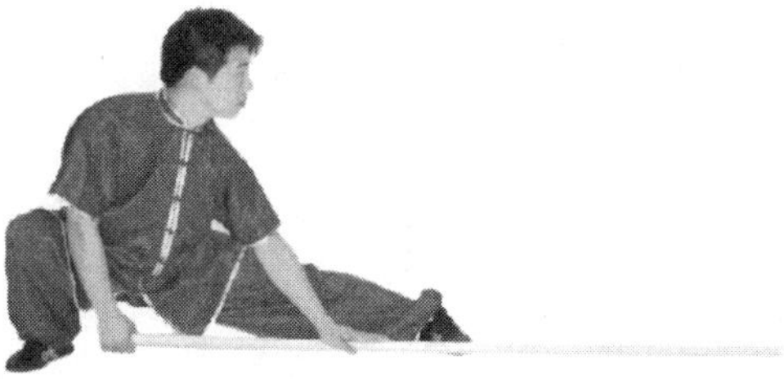

图 13　　　　图 14

11. 卧枕

起身右转成右弓步，两手握棍使棍梢贴于左腿外侧，右臂屈肘贴于胸前，目视左后方（图 15）。

图 15

12. 左虚步推棍

身体右转，棍梢由下向前挑出，左脚向前上步，脚尖点地；右腿下蹲成左虚步，棍把向下竖于体前，两手同时向前立推，目视前方（图 16）。

图 16

13. 右虚步推棍

右脚向前上步，脚尖点地，左腿下蹲成右虚步。同时，两手握棍，使棍梢由上向下再向前挑，两手向前立推，目视前方（图 17）。

14. 弹腿挑棍

右脚提起绷直向前弹踢，同时右手滑握至棍把收于腰间；左手握棍使棍梢向上挑出，目视前方（图 18）。

图 17

图 18

15. 舞花

右脚向前落地，左脚向前上步，双手握棍向右后划立圆舞花一周后向下压于右臂下。同时右脚向后撤步成左弓步，目视前方（图 19）。

图 19

16. 拦腰扫棍

身体右转成右弓步，同时两手握棍向右横击，目视前方（图 20）。

图 20

17. **云顶拦腰棍**

左腿抬起，两手握棍向头顶舞花一周，左脚落地成马步，右手握棍把放于左臂下，身体左转，成左弓步。同时棍梢向左横击，高与肩平，目视左前方（图21、图22）。

图 21

图 22

18. **舞花**

身体右转，双手握棍，使棍梢向左后提撩花一周，继续向右舞花一周，左脚向前上步，棍梢向后压于右臂下，棍把点地。同时右脚向前上步，屈膝下蹲，左脚尖点地成跪步，左手变掌放于左脚跟处，目视左后方（图 23、图 24）。

19. **侧踹腿**

右脚震地，右腿直立，左脚提起向左后方踹出，同时左掌沿左腿上侧推出，目视左上方（图 25）。

图 23

图 24

图 25

20. **弓步斜架棍**

左脚落地，右脚向前上步成右弓步。同时左手向右腋下反把接棍，棍把由右后向前挑斜架于头顶上方，目视前方（图 26、图 27）。

图 26

图 27

21. 卧枕

双手持棍，棍把向右后划立圆一周，同时棍斜靠于身前，左臂屈肘贴于左肩前，目视右后方（图 28）。

图 28

22. 泰山压顶

左腿微屈支撑；右腿屈膝扒地向后撩踢，脚面绷直，脚底向上。同上势，左脚向后扒地撩起，脚面绷直。同上势，右脚向后扒地撩起，脚面绷直。然后左脚落地蹬地跳起，身体左后转 180°，两脚落地成跪步，两手握棍举于头顶；棍把经右上方向下盖地，目视前方（图 29 ～ 33）。

图 29

图 30

图 31

图 32

图 33

23. **拦腰横击**

右脚向前上步，身体右转成右弓步，同时右手滑握棍把，左手滑握棍身，左手握棍随身体向右横击，目视前方（图 34）。

24. **拦腰横击**

左脚向前上步，身体左转成左弓步，同时左手滑握棍梢，右手滑握棍身，右手握棍随身体向右横击，目视前方（图 35）。

图 34

图 35

25. **弓步盖把**

身体右转，两手握棍，使棍把向右后挂击，右脚提起向前上步成右弓步。同时两手握棍，使棍把向后再向前盖把，目视前方（图 36、图 37）。

26. **仙人指路**

身体左转，右手滑握至棍把，右腿屈蹲成左仆步。左手变掌放于右肩前，右手持棍向前下穿出，回拉至头顶上方，同时提左腿放于右膝前，左手变剑指向左指出，目视前方（图 38、图 39）。

图 36

图 37

图 38

图 39

27. 乌龙搅海

左脚落地两脚依次向前跳跃，左手顺势接棍，右手下压于腰间，左手握棍，使棍梢顺时针划圆。两脚落地成马步变左弓步，右手向前戳棍，棍高与肩平，目视前方（图 40 ～ 43）。

图 40

图 41

图 42

图 43

28. 丁步捣把

身体右转，右脚抬起落于左脚内侧，脚尖点地，左腿下蹲成丁字步。同时左手滑握棍梢，右手握棍身，向右捣把，棍与肩平，目视右前方（图 44）。

29. 马步劈棍

起身身体右后跳转 180°，落地成马步，同时两手握棍向左前下劈击，目视棍梢方向（图 45）。

图 44

图 45

30. 云顶左扫棍

双脚蹬地跳起，身体左转，两手握棍使棍梢经头顶左后、右前云顶，两手在头顶换把。同时左脚落地下蹲，右腿前伸成右仆步，棍梢由右后向左前横扫，目视棍梢方向（图 46、图 47）。

图 46

图 47

31. 云顶右扫棍

起身双脚蹬地跳起，身体右转，两手在头顶换把，使棍梢经头顶右后、左前云顶。同时右腿落地下蹲，左腿前伸成左仆步，棍梢由左后向右前横扫，目视棍梢方向（图 48、图 49）。

图 48

图 49

32. 插步点棍

两腿站立，右脚向前上步，身体左转，两手握把回收于右腋下；两手换把，棍梢向上，在身体右侧划圆一周，棍梢点向地面，左手握把。同时左脚插步于右腿后，脚尖点地，目视右下方（图 50）。

33. 提膝斜劈棍

身体左转，左腿提膝绷直放于右膝前。同时两手握把经右肩上方向左下斜劈，棍梢向下，两手放于左膝外侧，目视棍梢方向（图 51）。

图 50

图 51

34. 弹腿挑棍

左脚落地，棍梢由右上向右下顺放于右腿外侧。同时左腿屈膝半蹲，右脚绷直向前弹踢，两手握棍使棍梢贴右腿外侧，向上挑，左手握把放于腰间，棍梢高与肩平，目视前方（图 52、图 53）。

图 52

图 53

35. 马步抱举棍

右脚下落震脚靠于左脚内侧，身体右转，左脚扣于右膝后。同时两手握棍，使棍梢由下向后拨棍，左脚向前落地成马步，左手握棍把放于右肋处，右手握棍身上举，头向左摆，同时发音“威”，目视左前方（图 54）。

图 54

36. 收势

起身，左脚向右脚靠拢，使棍把着地，竖于右脚外侧，同时左手变掌，由左侧由上向下侧立于胸前，左臂自然下垂，目视前方（图 55、图 56）。

图 55

图 56

第六章　齐眉棍

齐眉棍各部位名称

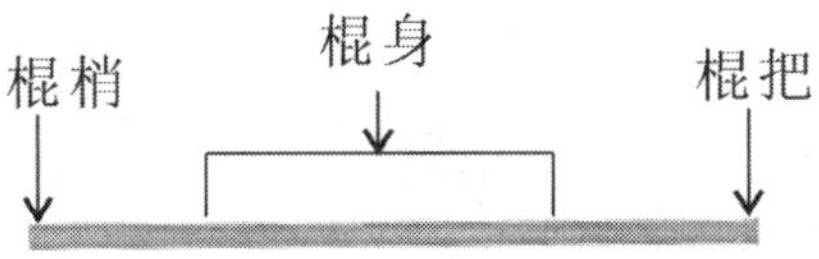

动作名称详解

1. 预备式

双脚并步站立，左手自然下垂，右手持棍，棍把向下竖于右脚前外侧，目视前方（图 1）。

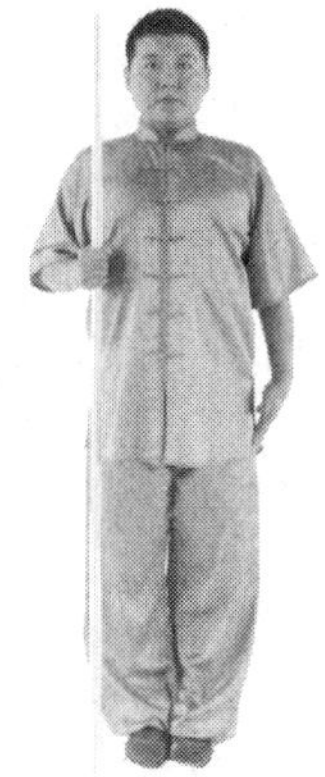

图 1

2. 起势

左脚向左开步，与肩同宽，右手持棍使棍横于裆前，左手反把接棍，目视前方（图 2、图 3）。

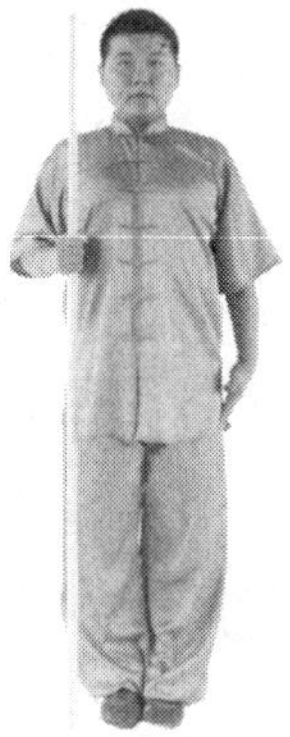

图 2

图 3

3. **七星竖棍**

身体左转 90°，双腿下蹲成七星步，双手持棍，使棍把竖于左脚前，目视前方（图 4）。

图 4

4. **鸡行三挑棍**

（1）双手持棍，右脚向前上步，右手后拉下压于腰间，使棍稍向前挑出。棍稍与口同高，目视前方（图 5）。

（2）双腿下蹲，左脚向前放于右脚前成七星步。左手后拉下压于腰间使棍把向前挑出，与眼同高，目视前方（图 6）。

（3）双腿下蹲，右脚向前放于左脚前成七星步。右手后拉下压于腰间使棍梢向前挑出，棍梢与口同高，目视前方（图 7）。

图 5

图 6

图 7

5. **右卧枕**

右脚向前上步，身体左转 90°，成右弓步。双手持棍，右前臂向上竖于右肩前，左臂向左下顺放于左腿外侧，目视左后方（图 8）。

图 8

6. **左卧枕**

身体右转 90°，左脚向前上步，上体右拧成左弓步。双手持棍，同时左前臂向上竖于左肩前，右臂向右下顺放于右腿外侧，目视右后方（图 9）。

图 9

7. **右卧枕**

身体左转 90°，右脚向前上步，上体左拧成右弓步。双手持棍，同时右前臂向上竖于右肩前，左臂向左下顺放于左腿外侧，目视左后方（图 10）。

图 10

8. 弓步刺棍

身体左转 90°，左手松握，左脚提起绷直放于右膝前上方，右手下压。左脚向前落地成左弓步，同时右手前推，使棍梢向前刺出，棍梢与喉平，目视前方（图 11）。

图 11

9. 弹腿劈棍

左手松握，右手后抽。右脚向左脚后跟步，左脚提起绷直向前上方弹踢。同时左手持棍放于右腋窝下，右手松握向前使棍把顺左腿内侧下劈，目视前方（图 12）。

图 12

10. 马步撩棍

上动不停，左脚向前落地，右脚向前上步，双手持棍使棍把向右后上而后向右下运行。上体左转，双腿下蹲成马步，双手持棍使棍把向右上撩出，高与头平，目视右前方（图 13）。

图 13

11. **马步劈棍**

身体左转 180°，右脚向前上步，上体左转成马步。同时双手持棍，使棍把右下劈，棍把与膝同高，目视右前方（图 14）。

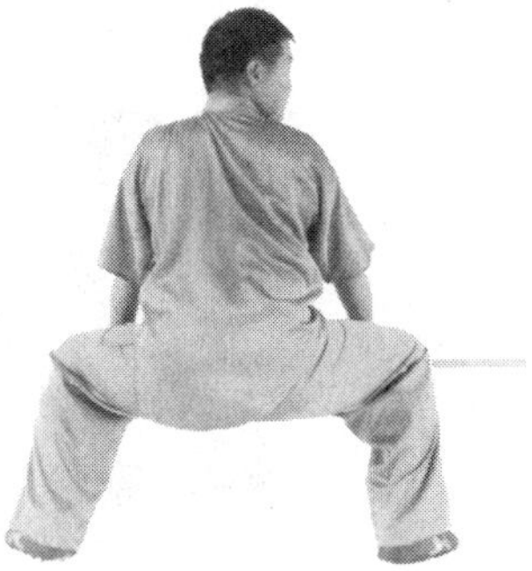

图 14

12. **弓步拦腰棍**

身体右转 90°，右手松握右滑，右脚向右后退步，身体右转 90°成右弓步。同时右手持棍收于腰间，左手松握前推使棍梢向体前横击，目视前方（图 15）。

图 15

13. **弓步背棍**

身体左转 90°，右脚向后退步成左弓步。同时右手向前上，左手松握向右腋窝下，使棍梢向上背于右臂后；左手松棍变剑指并向前指，臂与肩平，目视前方（图 16）。

图 16

14. 马步劈棍

右手持棍，使棍梢向前下撩出，左手反把接棍，身体右转180°，左手左上举，右脚向后退步。上体右拧，双腿下蹲成马步，双手持棍使棍稍左下劈，棍稍高与膝平，目视左前方（图17）。

图 17

15. 仆步劈棍

左手松握左滑。右脚向左脚内侧靠步，左腿内伸，右腿全蹲成左仆步。同时，右手松握向左上，左手持棍向右放于右腋下，使棍把顺劈于左腿内侧，目视左前方（图18）。

图 18

16. 马步挑棍

双腿起立，身体左转90°，右脚向前上步，双手持棍，使棍把向右后上而后向右下运行。上体左转，双腿下蹲成马步，双手持棍使棍把向右上撩出，高与头平，目视右前方（图19）。

图 19

17. **马步劈棍**

身体左转 90°，右脚向前上步，上体左转成马步。同时双手持棍使棍把向右下劈，与膝同高，目视右前方（图 20）。

图 20

18. **翻身劈棍**

身体左转 90°，棍把拉地，右脚向前上步，左脚再上一步，右脚提起；身体左转 180°，右手右上举，右脚向前落地；上体左拧成马步，双手持棍使棍把向右下劈击，高于膝平，目视右前方（图 21）。

图 21

19. **弓步拦腰棍**

身体右转 90°，右手松握右滑，右脚向右后退步；身体右转 90° 成右弓步，同时右手持棍收于腰间，左手松握前推使棍梢向体前横击，目视前方（图 22）。

图 22

20. 弓步背棍

身体左转 90°，右脚向后退步成左弓步。同时右手向前上，左手松握向右腋下，使棍梢向上背于右臂后；左手松棍变剑指并向前指，臂与肩平，目视前方（图 23）。

图 23

21. 棚头棍

左手向右腋下反把接棍，左脚向后退步成右弓步，双手持棍向上平架于头顶上方，目视前方（图 24）。

图 24

22. 仆步劈棍

左脚向前上步，身体右转 90°，右腿下蹲成左仆步，同时左手松握右滑，双手持棍使棍梢顺劈于左腿内侧，目视左前方（图 25）。

图 25

23. **马步撩棍**

重心左移，身体左转90°，右脚向前上步，左手松握左滑；上体左转，双腿下蹲成马步。同时右手左滑，双手持棍，使棍把向右上撩出，高与头平，目视右前方（图26）。

图26

24. **马步劈棍**

身体左转90°，右脚向前上步，上体左转成马步，同时双手持棍使棍把右下劈，与膝同高，目视右前方（图27）。

图27

25. **弓步拦腰棍**

身体右转90°，右手松握右滑，右脚向右后退步成左弓步。同时右手持棍收于腰间，左手松握前推，使棍梢向体前横击，目视前方（图28）。

图28

26. **弓步背棍**

右脚向左后退步成左弓步，同时右手向前上，左手松握向右腋下，使棍棍梢向上背于右臂后；左手松棍变剑指前指，臂与肩平，目视前方（图 29）。

图 29

27. **仆步劈棍**

左手向右腋下反把接棍，身体右转 180°，双手持棍使棍梢向左前下运行。右脚向后退步，左手左上举，身体右转，右腿下蹲成左仆步。双手持棍使棍稍顺劈于左腿内侧，目视左前方（图 30）。

图 30

28. **右卧枕**

右腿起立变右弓步，同时双手持棍，右前臂向上竖于右肩前，左臂顺放于左腿外侧，目视左后方（图 31）。

29. **收势**

右脚向左与左脚并步，双腿直立。同时左手向右、右手向左横棍于腹前，右手松棍变立掌竖于胸前，目视前方（图 32）。

图 31

图 32

第七章 龙凤双剑

龙凤双剑各部位名称

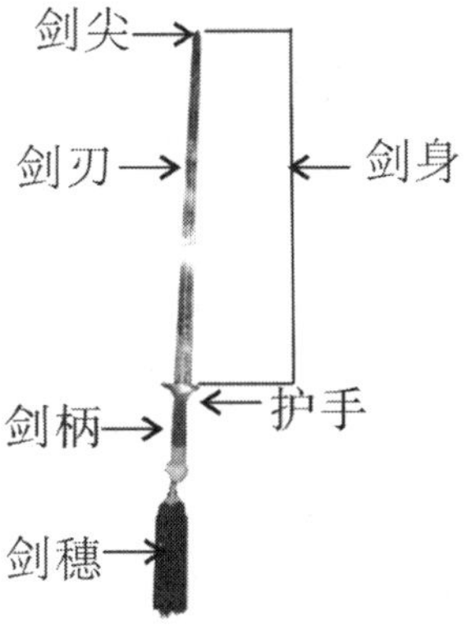

动作名称详解

预备式

两脚并步站立，两臂自然下垂，左手反臂持双剑，使剑身垂贴于左小臂后，剑尖向上；右手剑指下垂置右腿外侧，目视前方（图 1）。

图 1

1. 虚步持剑（仙人指路）

（1）两脚不动，上体略向左转，右臂随身体旋转屈肘，剑指伸向腹前，手心向下，目视剑指方向。上动不停，右脚向右后方撤步，左腿微屈，上体随之略向右转。同时右手剑指向前、向右直臂弧形平绕，至右方时屈肘收至右腰侧，手心向上。左手反持双剑直臂向左、向前弧形绕环，至前方时屈肘向右平绕横于胸前，手心向下，使剑身紧贴于左小臂下侧，目视左手方向（图 2）。

（2）上体后移，右腿屈膝半蹲，左脚稍右移以脚尖点地，左腿屈膝，成左虚步。同时上体转向正前方，左手持剑向下、向左划弧垂于左胯旁，剑

尖向上；右手剑指随之向前立指推出，目视前方（图 3）。

图 2

图 3

2. 中举腿持剑（白蛇吐信）

重心前移，左脚向前上半步，左腿伸直；右腿屈膝从身后提起，脚面绷直向前平踢与胸齐。同时右臂屈肘，剑指收于右腰际，手心向上；左臂屈肘，左手持双剑收向腰际，直臂向前平伸，手心向下，剑身贴紧小臂，目视左手方向（图 4）。

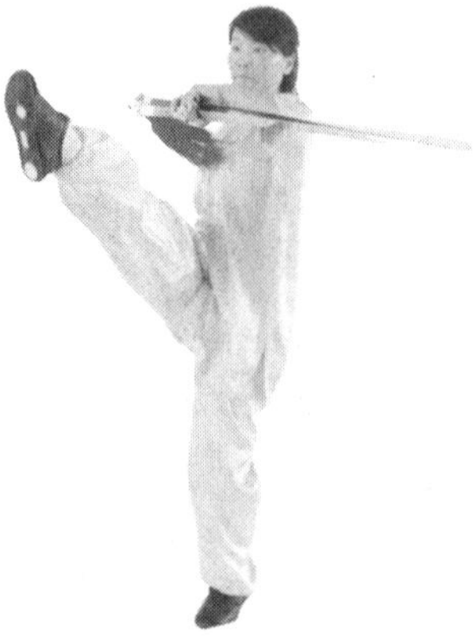

图 4

3. 盖叉步抱剑（怀中抱月）

（1）左脚不动，右脚向左盖步落地，右手不动，左臂屈肘，左手持双剑内收于左胸前，目视前方（图 5）。

（2）右脚不动，左脚向左横跨一步，右手剑指直臂向下、向右弧形绕环平伸，虎口向上，目随右手方向。左腿不动，右脚经左腿后向左插步，左腿微屈，上体左转并稍向左倾。同时左手持双剑从胸前向下、向左直臂弧形绕环，至左方时屈肘向上、向右弧绕环，停于胸前，手心向外；右手剑指变掌，屈肘向上、向左弧形绕环，停于胸前，手心向里，准备接握双剑，目视剑尖方向（图 6）。

图 5

图 6

1. 转身上云歇步斩剑（顺风扫莲）

（1）身体不动，左手松开，右手接握剑柄成右手持双剑，目视剑尖方向。两脚掌碾地，向身体右转 90°，右手握双剑随体转动，顺势使剑尖自左下向右上划弧。当双剑尖向上时，左手接握一剑，目视前方（图 7）。

（2）以两脚为轴身体继续右转、后仰，同时两手持剑，使剑尖向右上方弧形摆动，目视剑尖方向（图 8）。

图 7

图 8

（3）身体继续向左转，而后上身直起。同时双手持剑，以小臂为轴，使双剑在头上由右向后、向左、向前划一弧线，停于胸前；右手心向下，左手心向上，两剑形成交叉，右剑在上，剑尖均向前上方，目视剑尖方向（图 9）。

（4）以左脚掌和右脚跟为轴，使身体继续向右转 90°，两腿交叉，屈膝全蹲成歇步，右腿在上，右手持剑同时臂外旋，向右后上方直臂划弧，并斜摆

上举，手心向上，左手持剑，左臂内旋；向左前下方直臂划弧并斜摆下截，手心向下，两臂与双剑成一斜线，目视左剑尖方向（图10）。

图9

图10

2. 后转上步架刺剑（指南金针）

身体立起，并以两脚掌为轴使身体从左向后转。左手持剑，在身体转动时使剑尖从下经两腿前向左直臂划弧反撩，虎口向下；右手持剑，在身体转动时屈腕使剑尖由上向下、向左贴身划弧，右手虎口向前，目视左剑方向。右脚向前上一步，右膝弯曲，左腿蹬直成右弓步。同时左手持剑，左臂上举，使剑停于头左侧上方，剑尖向前；右手持剑自腰际向前用力直臂刺出，目视右剑尖方向（图11）。

图11

3. 后转提膝架点剑（太公钓鱼）

以右脚掌为轴，使身体从左向后转，左脚随之收进半步。左手持剑随身体转向前下劈并收至左腰际，虎口向上，剑尖向前下；右手持剑，右臂外旋，屈肘使剑从身后举起，剑尖向后，目视前方。上动不停，右腿伸直支撑；左腿屈膝在身前上提，脚尖向下；左臂外旋，向外翻转并屈肘上提，使剑继续向后、向上划半个立圆，举于头左侧前上方，剑尖向前；右手持剑顺势向前下方直臂屈腕下点，目视剑尖方向（图 12）。

图 12

4. 虚步刺剑（巧女引针）

左脚向前落步，随之右脚上前一步，左腿屈膝半蹲；右腿屈膝以右脚尖点地，成右虚步。右手持剑，手臂下沉，向后收于身体右侧，剑尖向前；左手持剑，由头前上方向后、向下、向前弧形绕环，从左腰间向前直臂刺出，虎口向上，剑尖向前，目视左剑尖方向（图 13）。

图 13

5. 提膝双压剑（二龙吸水）

右腿伸直支撑；左腿屈膝在身前上提，脚尖向下。两手持剑，两臂外旋，以腕为轴使双剑同时向下、向后、向上、向前划一立圆，而后双剑交叉于左膝前，两手心向下，右剑在上，目视双剑交叉处（图 14）。

图 14

6. 提膝换跳步弓步双崩剑（野马分鬃）

（1）左腿向前摆动，右腿蹬地跃起，身体悬空，在空中时，右手持剑，以肘为轴臂外旋，使剑尖从左向上、向右、向前下、向左圆形绕环，至左方时手心转向上；左手持剑与右剑同时也以肘为轴臂外旋，使剑尖从右向前下、向左、向上、向右圆形绕环，至右方时臂已内旋，使手心向下，两剑在绕环绞花后交叉于腹前，左臂在上，目随右剑转动。左脚落地，左腿屈膝，右脚向前落步，以脚尖点地，双剑不动，上体微向左扭转并前俯，目视双剑交叉处（图 15）。

（2）右脚向右前斜方上步，右腿屈膝；左腿蹬直，成右弓步。同时右手持剑，手心向上，使剑向右前上方直臂斜摆上崩；左手持剑，手心向下，使剑向左后下方直臂斜摆下截，目视右剑尖方向（图 16）。

图 15

图 16

7. 虚步双撩剑（顺步撩衣）

身体重心向左后移，左腿屈膝，右脚后移半步，以脚尖点地。左手持剑，左臂屈肘，使剑尖向上、向前弧形绕环上举于头左上方；右手持剑，右臂外旋，屈肘使剑收于身前，手心向右，两剑平行，目视右剑尖方向（图 17）。

图 17

8. 虚步双撩剑（顺步撩衣）

（1）上动不停，右脚前上半步，右腿屈膝前弓，左腿蹬直，上体左转。同时两手持剑经身体左侧向后、向下方划半个立圆，两虎口都向后，右手心向里，左手心向外，目视双剑方向（图 18）。

（2）右脚尖外撇，身体右转，左脚前上一步，以脚尖点地；右腿屈膝下蹲成左虚步。双剑继续上动由后向下、向前、向上撩半立圆，右剑停于头右前上方，左肘微屈，横抱于左胸前，剑尖同指前上方，目视左前方（图 19）。

图 18

图 19

9. 跳叉步挂剑翻腰（鹞子翻身）

（1）左脚脚尖外撇，重心前移，上体左转，双剑同时向下、向左后方下划半圆，剑尖向左后，目视左剑尖方向（图 20）。

（2）左脚蹬地跳起，右脚向右跃一大步，双剑继续向上、向右划半立圆，目视双剑。左脚随即从右腿后向右插步，上体向右侧倾，同时两剑向右上方刺出，右手手心向里，左手手心向外，目视双剑尖。两脚掌为轴，身体由左向上拧腰翻转，两剑方向不变，头在两臂下钻过，目视双剑尖方向（图 21）。

图 20

图 21

10. 双挂提膝下刺剑（哪吒探海）

（1）左脚脚掌碾地，身体向左转，随即右脚向前上一步，同时双剑向下，从身体左侧向后挂半圆，目视双剑方向（图 22）。

（2）身体重心右移，上体侧倾，右腿蹬直支撑；左腿屈膝上提，脚尖向下。双剑继续向上、向右前弧形绕环，右手持剑向下直臂斜刺，手心向上；左臂屈肘，左剑停于头前上方，手心向外，目视右剑尖方向（图 23）。

图 22

图 23

11. 行步右撩剑（燕子穿林）

（1）左脚向身体左后斜方落步，左腿屈膝前弓，右腿原地蹬直，身体略左转。双剑随弓步顺势下落，左臂外旋微屈，右臂内旋伸直，两手心相对，成立剑，剑尖同指右下方，目视右剑尖方向（图 24）。

（2）上体左转，右脚向前上步，右腿微屈膝，左腿自然蹬直，上体前倾。双剑随上步的同时向前方撩剑，左臂屈肘上举，右臂伸直，目视右剑尖方向。左脚向左前方上步，左腿微屈，右腿自然蹬直。双剑继续向前、向上撩，目视右剑尖方向（图 25）。

图 24

图 25

12. 行步左撩剑（燕子穿林）

（1）右脚向身体右前方上一步，右腿屈膝前弓，左腿原地蹬直，体略左转。双剑随弓步顺势由上向左、向后、向下方划弧，右肘微屈，左臂伸直，两手心相对，使成立剑，剑尖同指左下方，目视左剑尖方向（图 26）。

（2）左脚向身体右前方上步，脚尖点地，身体右后转 180°，右膝微屈，双剑自左下方随上步顺势向右前上撩剑，目视左剑尖方向（图 27）。

图 26

图 27

13. 弓步撩刺剑（指南金针）

（1）右脚左前上步，右腿微屈，左腿自然蹬直，双剑随之向上、向右、向下抡剑，两手心相对，剑尖向后，左臂屈肘，右臂直伸，目视右剑尖方向（图28）。

（2）左脚向身体左侧上一步，左腿屈膝前弓，右腿蹬直。左手持剑，剑尖向下，向前直臂反撩；右臂内旋，转腕使剑尖从后向下绕环，目视左剑尖方向。右脚前上一步，右腿屈膝前弓，左腿蹬直，成右弓步，左臂举剑上架，右剑经右腰间向前立剑平刺，目视右剑尖方向（图29）。

图28

图29

14. 转身撤盖步挂后刺剑（玉女探花）

（1）左手持剑，左臂屈肘下沉至右肋侧，以两脚掌为轴使身体由左向后转，左脚向后方撤步蹬直，右腿屈膝前弓，成右弓步，右手持剑在身体后转的同时使剑尖向上、向体前、向下直臂挂剑，目视右剑尖方向（图30）。

（2）左脚脚尖外撇，身体左转，右脚经左腿前向左侧盖步交叉，左手持剑不变；右臂外旋翻转，右手持剑使剑尖由身前向左、向上、向右划弧刺出，手心向上，身体随之右倾，目视右剑尖方向（图31）。

图30

图31

15. 翻腰撤步十字叉（十字花叉）

（1）两脚掌碾地，以右臂为轴，身体从左向后翻转，头在右臂下钻过，目视右剑尖方向。两脚掌碾地，身体左转，右腿屈膝下蹲，左脚尖点地，左手持剑不动，右手持剑使剑尖向下并由身体左侧向后挂剑，两臂形成交叉，右臂在上，两剑尖向后，目视前方（图 32）。

图 32

（2）左脚后退一步，两臂上提，使两剑尖由下、向前、向上划弧交叉，目视斜上方（图 33）。

（3）左脚不动，右脚退步劈成十字叉，左脚尖勾起，右脚内侧贴地，双剑向身体前上举并向两侧分开侧平举，剑竖直，两手心向前，目视前方（图 34）。

图 33

图 34

16. 踺起剪腕分剑燕式平衡（刘海戏蟾）

（1）两腿夹蹬，身体上跃腾空，随即落地并步，屈膝稍蹲，两臂向上、向前划弧，而后收剑于腰两侧，剑身横平，剑尖向前，目视前方（图 35）。

（2）左脚上蹬起跳，右脚向前跳步着地；右腿屈膝支撑，左腿屈膝后抬。同时双剑以腕为轴在身体两侧向前顺时针划一立圆，而后交叉于腹前，右剑在上，身体稍前俯，目视前方。右腿蹬直支撑；左腿伸直向后上方举起，脚面绷直，脚底向上，上身前俯，成燕式平衡，两臂左右平举，手心向下，剑尖向前，目视前方（图 36）。

图 35

图 36

17. 翻身双抄剑（燕子抄水）

（1）双剑交叉，右脚掌碾地，上体开始从左向右翻身，两臂向头前直伸，身体继续向后翻，头在双臂下钻过，双剑自然分开，右剑在头上，左腿屈膝，目视左剑尖方向（图 37）。

（2）上动不停，上体继续向左、向后翻转，左脚在上体翻向后方时向右侧落步，膝微屈；右腿自然蹬直，双剑随翻身之势，使剑尖由下向左侧下挂，右臂屈肘，手心向里；左臂伸直，手心向外，目视左剑尖方向。（图 38）。

图 37

图 38

18. 叉步双劈剑（金花落地）

左脚蹬地跳起，右脚向右跃地，身体悬空；双手持剑，由左向上屈肘上举，右脚落地，左脚从身后向右插步；右腿屈膝，左腿伸直，双手持剑，由上向右下斜劈，左臂屈肘，手心向里；右臂伸直，手心向外，目视右剑尖（图 39）。

图 39

19. 翻身跳仆步双劈剑（力劈华山）

（1）上体前俯，由左向右翻身，双手持剑随之由右经下向左、向上屈肘弧形绕环上撩；上体翻转至后方时直起并左转，左脚提起，右脚蹬地跳起，身体悬空，目视前方（图 40）。

（2）左脚先落地，左腿随势屈膝全蹲，同时上体左转，右脚在身体右方落步，右腿伸直平仆，成右仆步；双剑随之由上向右下劈成立剑，右臂伸直，左臂屈肘，剑尖均向身体右侧，手心相对，目视右剑尖方向（图 41）。

图 40

图 41

20. 弓步崩刺剑（童子献书）

（1）身体立起，重心前移，右腿屈膝前弓，左腿蹬直，右手屈腕，用力使剑上崩并斜立于右肩前，剑尖向后上；左手剑收于左腰间，目视前方（图 42）。

（2）左脚向前上一步，左腿屈膝前弓；右腿蹬直，成左弓步，左手剑随之向前平刺，目视左剑尖方向（图 43）。

图 42

图 43

21. 转身弓步双刺剑（玉女献琴）

（1）身体立起，以两脚为轴向右转，左脚尖里扣，右脚脚尖点地。双剑随之以腕为轴经上向体右划弧挂剑下落，横置于胸前，右手心向里，左手心向外，双剑尖向右前，目视左剑尖方向。左脚掌碾地，右腿屈膝上提，使上体由右向后转，双剑随身体转顺势向右下方划弧刺出，目视双剑尖方向（图 44）。

（2）上身右转，右脚向前方落步，右腿屈膝前弓，左腿蹬直，成右弓步，双剑随即直臂立剑前刺，剑尖向前，目视双剑尖方向（图 45）。

图 44

图 45

22. 叉步双撩剑（犀牛望月）

右腿伸直，身体左转，左腿屈膝，双手持剑，使剑尖经上方向左划半立圆，左臂伸直，右臂屈肘，两手手心相对，目视双剑。右脚原地不动，左腿从右腿后向右插步，身体左倾并向右拧腰，双剑随之由左向下、向右上方划弧反撩，右臂内旋伸直，手心向后；左臂外旋屈肘，手背向前，剑尖向右上，目视右剑尖方向（图 46）。

图 46

23. **转身并步下劈剑（力剁金石）**

以两脚脚掌为轴，碾地使身体左转，左手持剑随身体转，经下划弧向身前提起；右手持剑顺势下垂划弧，目视左剑尖方向。身体继续从左后转，左腿屈膝前弓，右腿自然蹬直，左手持剑随身体转，从上向前平劈，成立剑，剑尖向前；右手持剑举于头上方，剑尖向后，目视左剑尖方向。右脚向左脚并步，两腿屈膝全蹲，左手持剑，屈腕使剑上挑，剑尖向上；右手持剑顺势向前平劈成立剑，剑尖向前，目视右剑尖方向（图 47）。

图 47

24. **提膝双抱剑（二龙吐须）**

双腿直立，右脚跟外展，身体左转，右腿支撑站立；左腿屈膝上提，脚尖向下。右臂上举，横剑于头上方，右手心向前；左臂屈肘抱于胸前，左手心向内，双剑平行，剑尖都向身体左方，目视左前方（图 48）。

图 48

25. 右挂穿刺挑抱剑（清流穿鱼）

（1）左脚向身体左侧落步，屈膝前弓，上体随之由左向后转；右腿自然蹬直，双手持剑，使剑尖随之向下、向左下方绕环挂剑，手心相对，目视左剑尖方向（图49）。

（2）上动不停，左手持剑，直臂使剑尖由左向上、向右划弧挂剑，手心向外；右手持剑继续向左挂，手心向里，上体随之右转，目视左剑尖方向（图 50）。

图 49

图 50

（3）左脚不动，右脚向前上一步，右腿屈膝前弓，左腿自然蹬直。左手持剑，使剑尖由前向下向身体右后方划弧下挂；右手持剑，使剑尖由后向上、向前划弧绕环下挂，两臂交叉于胸前，左臂在上，目视前方（图 51）。

图 51

（4）右脚不动，左脚向前上一步；左腿屈膝前弓，右腿自然蹬直，身体微向右转。左手持剑，使剑尖由后向上、向前直臂弧形绕环下挂，虎口向下，手心向外，剑尖向前上；右手持剑使剑尖由前向下、向后直臂弧形绕环上挂，虎口向上，剑尖向后下，两臂成一斜线，目视左剑尖方向。两脚原地不动，上体左转，左手持剑，使剑尖向下由身体左侧向后方直臂划弧下挂，虎口向上，手心向外；右手持剑使剑尖向上、向前方直臂划弧上挂，剑尖向前下，虎口向下，手心向外，目视左剑尖方向（图 52）。

（5）两脚原地不动，左手持剑使剑尖由后向上、向前划弧；右手持剑使剑尖继续向下、向后反臂穿剑，虎口向下，手心向外，上体随之右转，目随右剑尖。左腿屈膝全蹲，右腿伸直平仆，上体随之右转。双剑同时向下、向右穿剑，身体略前俯，左臂屈肘，手心向里；右臂伸直，手心向外，目视右剑尖方向（图 53）。

图 52

图 53

（6）身体右转，重心前移，右腿屈膝前弓，左腿自然蹬直。右手持剑，臂外旋使虎口向上，平举身前；左手持剑收于左腰间，目视右剑尖方向（图 54）。

图 54

（7）重心后移，左腿直立，右腿屈膝上提。左剑不动；右手持剑屈腕使剑尖向上挑起，目视右剑尖方向。左脚脚跟外展，身体右转，右臂屈肘横抱剑于胸前，手心向里；左手持剑，使剑尖向左、向上、向右直臂划弧横架子头前上方，手心向外，目视右前方（图 55）。

图 55

26. 左挂穿刺挑抱剑（清流穿鱼）

（1）右脚向身体右侧落步，屈膝前弓，上体随之由右向后转，左腿自然蹬直，双手持剑，使剑尖随之向下、向右下方绕环挂剑，手心相对，目视右剑尖方向（图 56）。

（2）上动不停。右手持剑，直臂使剑尖从右向上、向左划弧挂剑，手心向外；左手持剑继续向右挂，手心向里，上体随之左转，目视右剑尖方向。右脚不动，左脚向前上一步；左腿屈膝前弓，右腿自然蹬直。右手持剑，使剑尖由前向下朝身体左后方划弧下挂；左手持剑使剑尖由后向上、向前划弧绕环下挂，两臂交叉于胸前，右臂在上，目视左剑尖方向（图 57）。

图 56

图 57

（3）左脚不动，右脚向前上一步，右腿屈膝前弓，左腿自然蹬直，身体微向左转，右手持剑使剑尖由后向上、向前直臂弧形绕环下挂，虎口向下，手心向外，剑尖向前上；左手持剑使剑尖由前向下、向后直臂弧形绕环上挂，虎口向上，剑尖向后下，两臂成一斜线，目视右剑尖方向。两脚原地不动，上体右转，右手持剑使剑尖向下由身体右侧向后方直臂划弧下挂，虎口向上，手心向外；左手持剑，使剑尖向上、向前方直臂划弧上挂，剑尖向前下，虎口向下，手心向外，目随右剑尖方向（图 58）。

图 58

（4）两脚原地不动，右手持剑，使剑尖由后向上、向前划弧；左手持剑，使剑尖继续向下、向后反臂穿剑，虎口向下，手心向外，上身随之左转，目视左剑尖。右腿屈膝全蹲，左腿伸直平仆，上体随之左转。双剑同时向下、向左穿剑，身体略前俯，右臂屈肘，手心向里；左臂伸直，手心向外，目视左剑尖方向（图 59）。

图 59

（5）身体左转，重心前移，左腿屈膝前弓，右腿自然蹬直。左手持剑，左臂外旋，使虎口向上平举身前；右手持剑收于右腰际，目视左剑尖方向。重心后移，右腿直立，左腿屈膝上提，右剑不动，左手持剑，屈腕使剑尖向上挑起，目随左剑尖。右脚脚跟外展，身体左转，左臂屈肘横抱剑于胸前，手心向里；右手持剑使剑尖向右、向上、向左直臂划弧横架于头前上方，手心向外，目视左前方（图60）。

图60

27. 右挂穿刺挑剑（清流穿鱼）

（1）左脚向身体左侧落步，屈膝前弓；上体随之由左向后转，右腿自然蹬直。双手持剑，使剑尖随之向下、向左下方绕环挂剑，手心相对，目视左剑尖方向（图61）。

（2）上动不停，左手持剑，直臂，使剑尖由左向上、向右划弧挂剑，手心向外；右手持剑继续向左挂，手心向里，上体随之右转，目视左剑尖方向（图62）。

图61

图62

（3）左脚不动，右脚向前上一步，右腿屈膝前弓，左腿自然蹬直。左手持剑，使剑尖由前向下向身体右后方划弧下挂；右手持剑，使剑尖由后向上、向前划弧绕环下挂，两臂交叉于胸前，左臂在上，目视左剑尖方向。右脚不动，左脚向前上一步，左腿屈膝前弓，右腿自然蹬直；身体微向右转。左手持剑，使剑尖由后向上、向前直臂弧形绕环下挂，虎口向下，手心向外，剑尖向前上；右手持剑使剑尖由前向下、向后直臂弧形绕环上挂，虎口向上，剑尖向后下，两臂成一斜线，目视左剑尖方向。两脚原地不动，上体左转，左手持剑，使剑尖向下由身体左侧向后方直臂划弧下挂，虎向上，手心向外；右手持剑使剑尖向上、向前直臂划弧上挂，剑尖向前下，虎口向下，手心向外，目视左剑尖方向（图 63）。

（4）两脚原地不动，左手持剑使剑尖由后向上、向前划弧；右手持剑使剑尖继续向下、向后反臂穿剑，虎口向下，手心向外，上体随之右转，目视右剑尖方向。左腿屈膝全蹲，右腿伸直平仆，上体随之右转，双剑同时向下、向右穿剑。身体略前俯，左臂屈肘，手心向里；右臂伸直，手心向外，目视右剑尖方向（图 64）。

图 63

图 64

28. 歇步抱剑（古树盘根）

（1）身体稍直起并向右转，左脚向右脚移近半步，两腿半蹲，右手屈腕使剑在身前上挑，目视右剑尖方向（图 65）。

（2）以右脚跟和左脚掌为轴使上体继续向右转，两腿交叉，屈膝全蹲成歇步，同时双手持剑，使剑尖从左向上、向左弧形绕环挂剑，右臂屈肘抱剑横于胸前，手心向里；左臂肘微屈，剑架于头顶上方，手心向外，两立剑平行，

图 65

图 66

目视右前方（图 66）。

29. 后转腰回环歇步亮剑（风摆荷叶）

（1）两腿不动，右臂内旋，使剑尖从右向上、向左弧形绕环，在左剑里面与右剑交叉。然后双剑从上向下沉压，两手手心向下，目视前方（图 67）。

（2）身体稍起，以两脚掌为轴使上体左转，双剑仍交叉随体转动，目视双剑交叉处（图 68）。

图 67

图 68

（3）上动不停，上体前俯向左绕环转动，双剑随身体转动，两脚不动，腰由左向后绕环一周，目视双剑方向（图 69、图 70）。

图 69

图 70

（4）上动不停，双剑分开向左上方平摆，上体随之左转，挺胸后仰。双剑在脸前上方从左向后平云一周，上体随之直起左转，双剑交叉于体前，左剑压于右剑上，两手心相对，目视双剑交叉处（图 71）。

图 71

（5）以两脚掌为轴，身体左转，两腿交叉，右手屈腕使剑尖向右上方斜摆；左臂外旋手心向上，使剑尖向前、向左下方斜摆。两剑剑把相对于胸前，剑身成一斜线，目视左剑尖方向（图 72）。

（6）两腿屈膝下蹲成歇步，双剑同时分别向右上、左下直臂斜伸刺出，右肘微屈，目视左剑尖方向（图 73）。

图 72

图 73

30. 腕花叉步左上挂斩剑（仙人睡觉）

（1）身体立起，左脚向身体左前方上步，右脚不动，两臂内旋，使手心向下。左手持剑，使剑尖从左向前、向右上方划弧斜摆，位于右肋前；右手持剑，使剑尖从右向前、向左下方划弧斜摆，位于左胸前，目视左前方（图 74）。

（2）右脚向左前方上步，同时上体左转并后仰，右手持剑，使剑尖由左下向后上弧形绕环；左手持剑使剑尖由右上向前下、向左上弧形绕环，目视右剑尖方向。上动不停，左脚向右后撤步，身体左转 180°。同时以两肘为轴，右臂外旋，左臂内旋，使两剑继继向前做前动作，在面前上方平云绞剑，而后右剑尖向身体左上方，右手心向上，左剑尖向体右上方，左手心向下，两剑交叉于膝前，左小臂在上，目视前方（图 75）。

图 74

图 75

（3）右脚经左腿后向左插步，左腿微屈，右腿自然蹬直，上体右侧倾，左手持剑向左上方直臂斜斩，手心向下；右手持剑，右臂内旋，屈轴上挂，使剑横架于头右后上方，手心向上。两剑尖都向左上方，目视左剑尖方向（图76）。

图 76

31. 腕花叉步右上挂斩剑（仙人睡觉）

（1）右脚向身体右前方上步，左脚不动，右手持剑由上经面前向左下方下压，剑尖向左，手心向上；左手持剑屈肘，使剑尖由左上向前、向右下划弧压于右剑上面，剑尖向右，手心向下，左脚向前上步，同时上体由右向后转并仰身，双剑随身转动，从身前摆向右上方，目视前方（图 77）。

（2）上动不停，右脚向左后撤步身体右转 180°。同时以两肘为轴，左臂外旋，右臂内旋，使两剑继续前挂在脸前上方平云绞剑。而后左剑剑尖向身体右上方，左手心向上；右剑尖向身体左上方，右手心向下，两剑交叉于膝前，右小臂在上，目视左剑尖方向（图 78）。

图 77

图 78

（3）左脚经右腿后向右插步，右腿微屈，左腿自然蹬直，上体向左侧倾。右手持剑向右上方直臂斜斩，手心向下；左手持剑，左臂内旋屈肘上挂，使剑横架于头左后上方，手心向上。两剑尖都指向右上方，目视右剑尖方向（图79）。

图 79

32. 仆步双叉上举亮剑（大鹏展翅）

（1）身体左转，左脚向身体左方横跨一步，右腿屈膝全蹲，左腿伸直平仆成仆步。右手持剑右臂外旋，使剑尖从右上方向下、向左绕环插伸，手心向上；同时左手持剑，左臂外旋，使剑从上由身前下压，手心向上，两剑上下交叉，目视斜下方（图 80）。

（2）身体立起，右腿伸直，右脚向前上半步，以脚尖点地，双手持剑同时由身前向两侧直臂斜上举，手心向上，目视前方（图 81）。

图 81

图 80

33. 腕花扣腿全蹲下点剑（蜻蜓点水）

右脚踏实，右腿屈膝，左脚向前上一步，右手持剑，右臂内旋，屈肘使剑尖由右上向前下、向左划弧，插向左肋前，手心向下；左手持剑，左臂内旋，屈肘使剑尖由左上向前下、向右划弧插向右臂前，手心向下。上体右转，左剑继续向右插伸，右剑继续向左插伸，两臂交叉，成立剑。上动不停，左手持剑，使剑尖由右向上、向左前、向下屈肘划弧绕环，而后左臂内旋，屈肘使剑横于胸前，剑尖向右，手心向下。同时右手持剑，使剑尖由左向下、向右、向上屈肘划弧绕环，至上方时直臂向左前方平点，剑尖微向下，手心向左，上体随点剑之同时左转向前，左腿屈膝全蹲；右腿屈膝以脚面扣于左膝后，成扣腿平衡，目视右剑尖方向（图 82）。

图 82

34. 转身弓步下点剑（凤凰点头）

右脚向后落步，身体由右向后转，右腿屈膝前弓，左腿蹬直，双剑在上体后转同时，一起从身前向上再分向前、向后直臂点剑，两虎口向上，剑尖分别向前下方和后下方，目视右剑尖方向（图 83）。

图 83

35. 提膝双崩剑（担山赶日）

身体重心后移，左腿蹬直支撑；右腿屈膝上提，脚尖向下。两手屈腕剑尖上崩，两肘微屈，两剑尖向上，目视右剑尖方向（图 84）。

图 84

36. 腕花盖步双崩望月式平衡（紫燕展翅）

（1）右脚向前落步，右手持剑，右臂内旋，使剑尖由上向前、向下，由左侧向后、向上绕环；同时左手持剑，左臂内旋，使剑尖由上向前、向上绕环，两臂交叉，右臂在下，目视左剑尖方向。上动不停，上体右转，右手使剑尖继续向右绕环，上动不停，左手持剑，使剑尖继续向上、向左绕环；右手持剑，使剑尖继续向下、向右绕环，手心均向前，剑尖斜向上。此时，左脚离地从右腿后抽出，目视右剑尖方向（图 85）。

图 85

（2）右脚不动，左脚经右腿前向右盖步，两腿交叉。左手持剑，左臂内旋，使剑尖从左向下并经身前向后直臂弧形绕环，手心向里；同时右手持剑，右臂外旋，先使手心向上，然后臂内旋，使剑尖从右向上经身前向左直臂弧形绕环，手心向里。两剑交叉，左剑在下，目视双剑交叉方向（图 86）。

（3）左腿屈膝略蹲；右腿屈膝向左举起，脚底向上，身体右倒向左拧转。双剑同时自身体前分两侧划弧并屈腕上崩剑，剑尖向里斜对，两臂平举，目视左后方（图 87）。

图 86

图 87

37. 撤步下截高举腿亮剑（扬鞭摧马）

（1）右脚落步，右腿自然蹬直，身体由右向后转。右手持剑自上方顺势向右下截，手心向下；左手持剑，左臂外旋并自然向左上举，手心向上，目视左剑尖方向（图 88）。

图 88

（2）身体重心右移并右转，右腿微屈，左腿自然蹬直，右臂外旋，手心向上，屈肘将剑收至身前；左臂内旋，屈肘将剑由上向身前下降，压于右剑上，手心向下。两剑交叉，目视双剑交叉方向（图 89）。

（3）上体左转，右腿蹬直支撑；左腿向右上方直踢高举，脚面勾起。双剑随举腿之同时分别向右上、左下直臂斜分亮剑，左手手心向下，右手手心向上，目视左剑尖方向（图 90）。

图 89

图 90

38. 左跳步拨撩探刺剑（拨草寻蛇）

（1）左脚向左落步，右脚脚尖内扣，身体左转，两手持剑随身体转动，目视前方（图 91）。

图 91

（2）右腿屈膝向上摆动，左脚蹬地跃起，同时右手持剑向前、向下，经右腿外侧向后、向上绕环，举剑于头右上方，身体稍向右转；左手持剑向后、

向上绕环举剑于头左上方，目视右下方（图 92）。

（3）右脚落地自然蹬直；左脚向左前斜方落步，屈膝前弓，成左弓步，左手持剑，左臂内旋，由左上方经面前向右下、左上划弧撩架，手心向外，剑尖向前；右手持剑，右臂内旋，使虎口向下，向左前下方反臂下刺，手心向外，目视右剑尖方向（图 93）。

图 92

图 93

39. 右跳步拨撩探刺剑（拨草寻蛇）

（1）左腿蹬直，右腿屈膝上提，身体右转。右臂外旋，使剑由前下方向后方拨剑；左臂外旋，使剑尖向上直臂上举，手心向上，目随右剑尖方向（图 94）。

图 94

（2）上身左转，右脚向前落步，左腿屈膝上提，同时右手持剑，右臂外旋，使剑尖由后向上绕环上举；左手持剑，使剑尖由上向前、向下绕环下沉，左腿屈膝向上摆动，右脚蹬地跃起，同时左手持剑由下向后、向上绕环举剑于头左上方，目视左下方（图 95）。

（3）左脚落地自然蹬直；右脚向右前斜方落步，屈膝前弓，成右弓步。右手持剑，右臂内旋，由右上方经面前向左下、右上划弧撩架，手心向外，剑尖向前；左手持剑，左臂内旋使虎口向下、向右前下方反臂下刺，手心向外，目视左剑尖方向（图 96）。

图 95

图 96

40. 双挂双盖转身坐盘上架（回头望月）

（1）左脚向前上一步，左腿屈膝前弓，右腿自然蹬直，左臂外旋，屈腕，使剑尖由左腿外侧向后绕挂，手心向外；右手持剑同时向前、向下由左腿外侧向后绕挂，手心向里，目视左剑尖方向（图 97）。

图 97

（2）右脚向前上一步，右腿屈膝前弓，左腿自然蹬直。左手持剑，使剑尖由后向上、向前继续绕挂；右手持剑，使剑尖随之由后向上继续绕挂，目视左剑尖方向（图 98）。

（3）两脚不动，左手持剑，以肘为轴，使剑尖向下由身体右侧向后方继续绕挂；右手持剑，右臂外旋，使剑尖由上向前继续绕挂。两臂至胸前交叉，左臂在上，两手心相对，目视左剑尖方向。上体右转，右手持剑，使剑尖继续向下、向右直臂划弧绕挂，手心向前；左手持剑，顺势向右上划弧，目视右剑尖方向（图 99）。

图 98

图 99

（4）右脚尖外展，左脚离地，左腿屈膝提至右腿前向右盖步，成交叉步。左手持剑，以腕为轴，使剑尖向上、向右、向下、向左并在面前划一立圆，手心向下；右手持剑，臂内旋，使剑尖向上、向左、向下划弧压于左剑上，手心向下。两剑交叉，两臂自然伸直，目视右剑尖方向（图 100）。

图 100

（5）右脚离地，右腿屈膝提至左腿前向左盖步，成交叉步。左手持剑，臂外旋，使剑尖由右向下、向左、向上划弧抽出而后压于右剑上，手心向下。两剑仍交叉，目视双剑交叉方向（图 101）。

（6）两脚掌碾地使身体从左向后转一周，两腿交叉屈膝下坐成坐盘。上体右倾并向左拧腰，双剑交叉随体转动，而后架于头左上方，两手心向外，目视双剑交叉处（图 102）。

图 101

图 102

41. 后转弓步双穿剑（青龙出水）

身体稍立起，以两脚掌为轴，由右向后转。右臂外旋，使剑尖从左向上、向右摆动，然后与左剑一起在转身的同时向下穿挂。右腿向前上一步，右腿屈膝前弓，左脚蹬直。双手持剑，屈肘使剑尖由右方向上、向体前划弧挂剑平举，左手心向左，右手心向右，目视前方（图 103）。

图 103

42. 弧形步双云仰身点腿后点剑（紫燕啄泥）

（1）右脚尖外展，左脚向右前方上一步，右脚继续向左前方上一步，共行二步走半圆。身体从左向后转腰绕环，同时右手持剑从左臂上面向左、向后平绕云剑，左手持剑随之向左平绕云剑。右手持剑横向右、向前平绕云剑；左手持剑继续向后、向右平绕云剑。两剑在身前交叉，上体随之微向前倾，目视前方（图 104）。

（2）左腿自然蹬直；右脚向前直腿上踢，脚面绷直。同时上体挺腹、后仰，右手持剑顺势向后直臂反点，手心向上；左手持剑顺势向前直臂平劈，虎口向上，目视左剑尖方向（图 105）。

图 104

图 105

43. 后挂跳歇步分剑（叶底藏花）

（1）右脚向身后落步，身体直起右转。右手持剑顺势向身体右后方下挂，手心向外；左手持剑顺势下降于身体左后方，目视右剑尖方向。上体右转，左脚屈膝向上摆动，右脚蹬地使身体腾空跃起并继续向右转。两臂内旋，使双剑同时由身体两侧后方向上、向前屈肘划弧并交叉于头前上方，左剑在上，两手心向前下，目视右剑尖方向（图 106）。

（2）左脚向左前方先落步，右脚随即从左腿后向左插步，两腿屈膝全蹲，成歇步。上体左倾，双剑随之分向右上、左下直臂上架下截，两臂成一斜线，两手心向下，两剑尖向前，目视左前方（图 107）。

图 106

图 107

44. 撤步后扫（秋风扫叶）

（1）左臂外旋，使手心向上；右手持剑下降于右胯旁，手心向下。两脚掌碾地，使身体从右向后转，两腿半蹲，目视左前方（图 108）。

（2）上动不停，右脚离地，左脚为轴，使身体由右向后转。转身之后，右脚向右后方落步，右腿自然屈膝，左腿蹬直，双剑随身体的转动平扫摆动，目视右前方（图 109）。

图 108

图 109

45. 跳步前崩后斩望月式平衡（玉兔奔月）

（1）上体由右向后仰身绕环，右手持剑，随之使剑尖在脸上方由右向后、向左绕环，与左剑交叉。右腿顺势伸直，左腿屈膝，目视上方（图 110）。

（2）上身直起，右脚向左侧上摆，左脚蹬地跳起，使身体腾空。双剑在上跃的同时，两手持剑在身前下沉，臂外旋，使剑尖翻转向下，然后分向两侧，左剑尖向下、向前直臂划弧平举。右脚向身体左前方落步踏实，右腿直立支撑；左腿屈膝在身后向右上举，脚底向上，脚面绷直，上体向左侧倾并向右拧腰成望月式平衡。同时左剑上崩，虎口向上；右剑向右上斜斩，右手心向下，目视右剑尖方向（图 111）。

图 110

图 111

46. 虚步刺剑（指南金针）

左脚在左侧落步，上体随之左转，左腿屈膝前弓，右腿自然蹬直。左臂内旋，使剑由上向右、向下、向前划弧反撩，手心向外，剑尖向下；右臂内旋，下降，使剑尖向下、向前划弧，收于右腿外侧，手心向里，目视左剑尖方向。左腿屈膝半蹲支撑身体；右脚向前上一步，屈膝并以脚尖点地，成右虚步。左手持剑继续反臂上撩，左臂微屈举剑于头左上方；右手持剑，同时直臂立剑前刺，两手心均向左，目视右剑尖方向（图 112）。

图 112

47. 后转仆步挂穿提膝抱剑（二龙吐须）

（1）身体重心右移，右脚踏实，左脚尖点地，上体左转。双剑剑尖向上、向左、向下划弧下挂，目视双剑尖方向。左脚向后退步，身体随之左后转，右腿屈膝全蹲，左腿伸直平仆，双剑向左下方穿出，两手心相对，目视左剑尖方向（图 113）。

（2）身体立起，重心左移，左腿蹬直支撑；右腿屈膝上提，脚尖向下。双剑剑尖随之向左、向上、向右划弧挂剑，左臂伸直举剑于头左上方，右臂屈肘，右手握剑于胸前，两剑平行，目视右前方（图 114）。

图 113

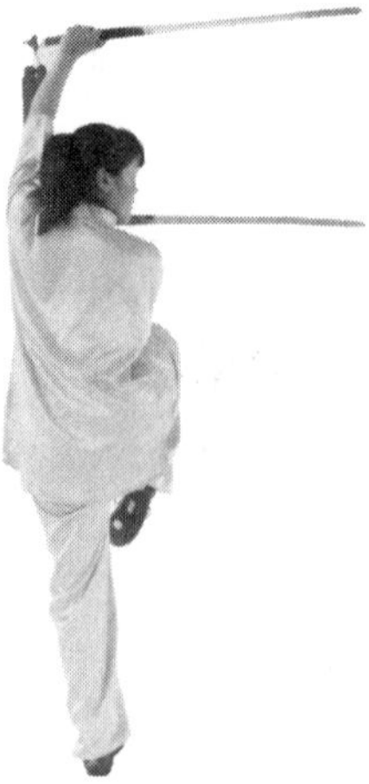

图 114

48. 击步左右连刺（指南金针）

（1）身体右转，右脚向前落步，随即重心前移。右腿蹬地跳起，左脚向右脚击碰，而后左脚落地，右脚在左脚前落地，右腿屈膝前弓，左腿蹬直。同时右臂内旋，使剑向前成立剑直刺，虎口向上；左臂内旋，使剑自上收于左腰间成立剑，目视右剑尖方向（图 115）。

（2）左脚上前一步，屈膝并以脚尖点地，成左虚步。右臂内旋，手心向外，使剑顺势上架；左手持剑随即立剑前刺，双剑平行，目视左剑尖方向（图 116）。

图 115

图 116

49. 后转仆步穿剑（金蛇伏地）

右腿直起，右脚离地提起，左脚掌为轴，使身体从右向后转。转身之后左腿屈膝下蹲，右脚向右直腿平仆成仆步。双手持剑在转身的同时使剑尖向上、向右下划弧穿出成立剑，手心相对，目视右前方（图 117、图 118）。

图 117

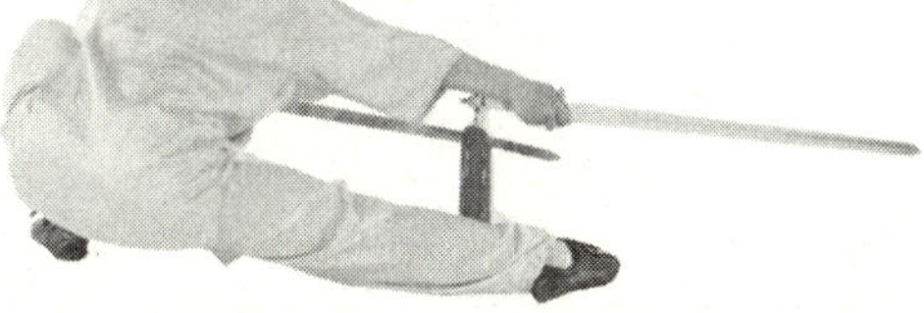

图 118

50. **虚步架刺（指南金针）**

身体立起右转，右腿屈膝，左脚向前上步，左腿屈膝并以左脚尖点地，成左虚步。右臂内旋，使剑顺势上举架于头右侧上方；左手持剑顺势立剑前刺，双剑平行，两手心向外，目视左剑尖方向（图 119）。

图 119

51. **抽剑正踢后环腿（倒打金冠）**

（1）身体重心前移，左脚踏实，左腿蹬直支撑；右脚尖勾起，直腿高踢至额前。双剑同时自前上方下沉，向腰后抽回，剑尖向前，目视前方（图 120、图 121）。

（2）上动不停，抬头弯腰，上身后仰。右脚由前上方向下、向后倒踢，接近头部，脚面绷直，膝微屈，上身与倒踢腿成环形。双剑随后踢的同时，自身体两侧下方向前、向上、向后划弧后刺，两手心相对，剑尖向后下方，目视双剑方向（图 122）。

图 120

图 121

图 122

52. **后转后挂跳仆步双穿剑（海底寻珠）**

（1）身体向右后转 270°，右脚向体右后方落步，右腿蹬直，左腿屈膝前

弓，双剑自上方顺势向身体右后方挂剑，手心相对，目随右剑尖。两脚原地不动，上体左转，右臂内旋，使剑尖由后向上、向前、向下并由左侧向后划弧挂剑，手心向外；左手持剑也随之使剑尖由右侧向后、向上挂剑，左臂屈肘放于右腋下，目视右剑尖方向（图 123）。

（2）左脚向后撤步，右脚原地不动，右腿屈膝前弓，上体左转。右手持剑，使剑尖向身体左侧上方划弧绕挂；左臂外旋，使剑尖由身体右侧向下划弧绕挂。两臂交叉，右臂在上，目随右剑尖。左脚蹬地使身体腾空跃起，右腿屈膝上提，身体右转。右臂外旋，使剑尖向上、向前、向下绕挂，右剑继续向上、向前在身体右侧向下绕挂，右臂内旋，虎口向下，肘尖向上，手心向外；左臂内旋，使剑尖同时由身体左侧向后、向上、向下绕挂，目视右剑尖方向（图 124）。

（3）左脚先落地，身体继续右转，左腿屈膝全蹲，右腿向右平仆成仆步。双剑随仆步顺势向身体右下方穿剑，穿剑后右臂外旋成立剑向正前方穿出，目视右剑尖方向（图 125）。

图 123

图 124

图 125

53. 叉步双上撩剑（犀牛望月）

左腿直起双剑向右、向上、向左方直臂划半立圆，两手心相对，目视双剑尖方向。身体重心右移，右腿微屈，左脚从右腿后向右插步，上体向左侧倾。左臂外旋，右臂内旋，使双剑顺势向下、向身体右上方上撩，右臂直，左臂屈肘，两手背向前，目视右剑尖方向（图 126）。

图 126

54. 盖步翻身挂劈剑（风火双轮）

图 127

（1）右脚原地不动，左脚向左前方上步。右手持剑，右臂外旋，使虎口向上；左手持剑，左臂内旋，由右胸前向上、向左划弧直臂前劈，剑尖向上，目视左剑尖方向。两脚掌碾地，身体由左向后转，两腿交叉。左手持剑，使剑尖顺势由上下降；右臂内旋，右手持剑，使剑尖顺势由上方向前、向下并由左臂外面向左挂剑。两臂交叉于腹前，手心均向内，剑尖分别向右下和左下方，目视前方（图 127）。

（2）左脚原地不动，右脚离地从左腿后抽出提至左腿前。右手持剑向左、向上、向右直臂划半个立圆，左手持剑向下、向左直臂划半个立圆，手心均向外，目视右剑尖方向（图 128）。

（3）右脚向左盖步。右手持剑，使剑尖继续上动向下、向左划弧；左手持剑继续上动向上、向右划弧，压于右剑之上。两剑交叉于膝前，左臂在上，右臂在下，两手心向内，目视双剑交叉处（图 129）。

图 128

图 129

55. 跳步翻身挂劈剑（风火双轮）

（1）两脚掌碾地，身体由左向后转，两腿交叉。左手持剑顺势屈肘，右臂内旋，右手持剑使剑尖顺势由上方向前、向下由左臂外面向左挂剑，两臂交叉于腹前，两手心均向内，目视右剑尖方向（图 130）。

（2）右脚离地向左摆起，左脚蹬地使身体腾空跃起。在空中时，左腿屈膝伸向右腿后面。同时右手持剑向左、向上、向右划半立圆；左手持剑，左臂外旋，向下、向右、向上划半立圆，手心均向外，目视右剑尖方向（图 131）。

（3）右脚先着地，继续之左脚插于右腿后，成交叉步。右手持剑继续上动使剑尖向下、向左划弧；左手持剑继续上动向上、向右划弧，下压于右剑之外。两剑交叉于膝前，左臂在上，右臂在下，两手心向内，目视双剑交叉处（图132）。

图 130

图 131

图 132

56. 弓步双劈剑（开劈山川）

两脚碾地，身体稍前俯翻腰从左向后转 270°。左腿屈膝前弓，右腿蹬直成左弓步。双剑顺势随体翻转由左向上、向前立剑平劈，两手心相对，目视双剑尖方向（图 133）。

图 133

57. 转身弓步下截剑（青龙探爪）

以两脚跟为轴使身体右后转，左脚尖内扣，右脚尖外展，重心右移，右腿屈膝前弓，左腿蹬直，成右弓步，右臂内旋，右手心向下，使剑随体转顺势向身前下方划弧斜摆下截，手心向下；左臂外旋，左手心向上，使剑自然后上斜举。目视右剑尖方向（图 134）。

图 134

58. 叉步翻腰提膝下截剑（凤凰展翅）

（1）左脚不动，右脚从左脚前向左盖步，右臂外旋。左手心向上，使剑顺势向右上平举。右臂屈肘；左手持剑自体前收于右腋下，手心向下，目视右剑尖方向（图 135）。

（2）两脚掌碾地，身体由左向后翻转。右手持剑，方向不变，头在右臂下钻过；左手持剑不动，随身转移，左膝前弓，右腿蹬直，目视右剑尖方向（图 136）。

图 135

图 136

（3）重心后移，上身左转，左脚收进半步，以脚尖点地。左手持剑自右腋下向下、向前划弧，停于腹前；右手持剑由头前上方向下压于左剑上。两剑交叉，右剑尖向左前，左剑尖向右前，两手心均向下，目视双剑交叉处（图 137）。

（4）右腿蹬直支撑；左腿屈膝上提，脚尖向下。上体含胸微向前探，右手持剑向前直臂下截，手心向下；左手持剑，左臂外旋并向后上直臂斜举，手心向上，两臂成一斜线，目视右剑尖方向（图 138）。

图 137

图 138

59. 右接剑盖步翻身抡劈剑（大蟒翻身）

（1）左脚向后落步，重心后移，左腿微屈。左手持剑由后上方向前划弧，与右手持剑相并；右手即将左剑接握，手持双剑，目视左剑尖方向（图139）。

（2）左脚尖外展，身体随之左转，右脚经左腿前向左盖步。同时，右手握双剑向下由腿前向左、向上、向右划立圆下劈，手心向前；左手做剑指向左、向上直臂划弧绕环，至上方时屈肘横架，手心向前，目视双剑尖方向（图140）。

图 139

图 140

（3）上体稍前俯，两脚掌碾地使身体从左向后翻转，右手握双剑随之向下、向前直臂上撩至身体右上方，手心向上；左剑指同时由上向左直臂划弧，目视双剑尖方向（图141）。

（4）右脚尖里扣，上体左转，左脚向身体后撤步，左腿蹬直，右腿屈膝前弓，成右弓步。同时右手握双剑由上向前立剑平劈；左手剑指向下、向后、向上直臂划弧，至上方时屈肘横举，手心向前，目视右前方（图 142）。

图 141

图 142

60. 上步云剑叉步转身坐盘（平沙落雁）

左脚尖外展，上体左转；右脚向前上一步，右腿微屈膝。同时右手持剑，右臂内旋，手心向下，屈肘，屈腕，使剑尖由右向前、向左平带，随身转动；左臂随身体转自然向左平移，臂微伸直，目视双剑尖方向。上体左转，挺胸后仰，左脚从右腿后向右插步。右手持剑，右臂外旋，以腕为轴使剑在脸前上方平云一周，而后剑尖向左前下垂，手心向前；左手剑指松开，附握于右手背，手指向上，拇指向右，目视两手。以两脚掌为轴，身体由左向后转动一周，两腿形成左前右后交叉，屈膝下坐成为坐盘，上体拧腰右倾，同时左手将双剑接握反持，小臂从身前向身后反臂下垂，右手变剑指从身前向右腰侧、转视右前上方划弧，并屈肘抖腕上举，手心向前，手指稍向上，目视左上方（图 143）。

图 143

61. 转身撤步高虚步持剑（彩凤回巢）

（1）身体立起，左手持剑垂于体左侧；右臂屈肘右手剑指收于胸前，手心向下，目视前方（图 144）。

（2）两脚掌碾地，身体由右向后转，目视剑指方向。右脚离地，以左脚为轴，使身体由右向后转。右脚在转体之后向身后退步落地，右腿微屈膝，左腿微屈膝并以脚尖点地。右臂外旋，右手剑指收至右腰间，手心向上；左手持双剑，左臂屈肘向右、向上、向前划弧平举，手心向下，剑柄向前，目随右剑指。重心后移，上身左拧，左脚向右微移并以脚尖点地，成左高虚步。右臂内旋，右手剑指向右、向上划弧并屈肘抖腕横架于头右上方，手心向前，手指向左；左手持剑下垂于身体左侧，剑尖向上，目视左前方（图 145）。

62. 收式

并步直立，左手反臂持剑，左脚后退一步，右脚退一步与左脚并步，两腿直立。右手剑指架于头顶上方，手心向上，由身前向体后继续向前绕弧下按，然后变掌，自然下垂，目视前方（图 146）。

图 144

图 145

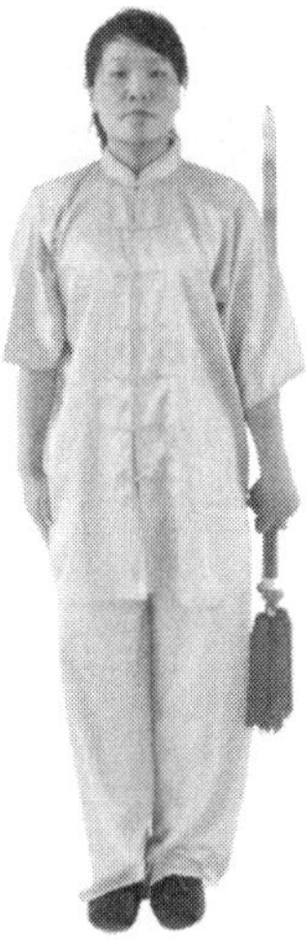

图 146

第八章　少林双刀

少林双刀各部位名称

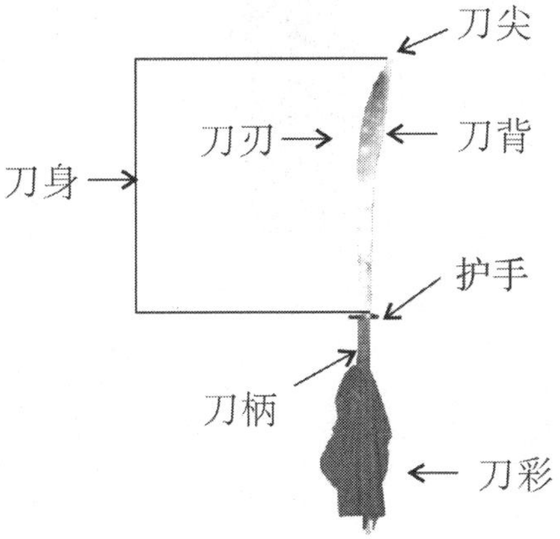

动作名称详解

1. 预备式

两脚并步站立，两手握刀自然下垂，刀尖向前，刀刃向下，目视前方（图1）。

2. 并步提刀

两臂屈肘上提，双手抱刀置于腰间，刀尖斜向上，刀刃斜向下，目视前方（图2）。

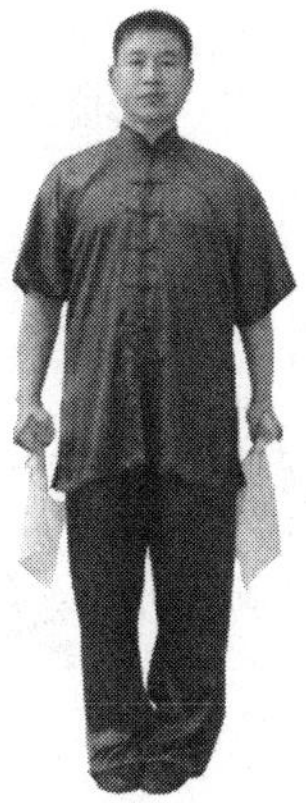

图 1

图 2

3. 双手开门（并步推刀）

双脚跳起，用力下震并步下蹲，同时双刀由腰间向前下方推出，目视前方（图3）。

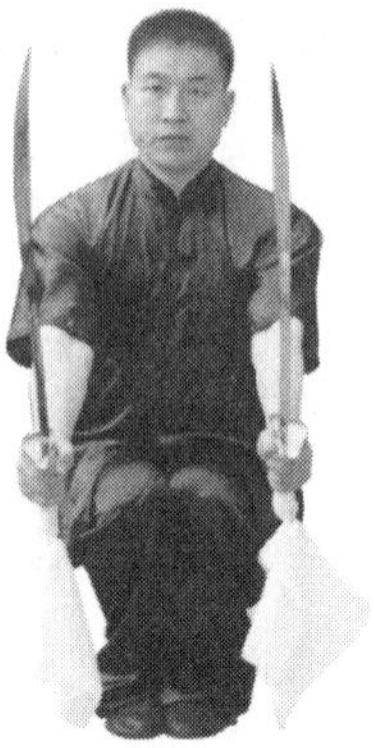

图 3

4. 白鹤展翅（弓步劈刀）

身体起立，左膝微提，双刀经胸前向两侧由下向上劈撩至头顶上方，刀尖向上，刀刃向外。身体左转 90°，左脚向左落步成左弓步，双刀由上向前劈刀，左刀在前，右刀置于左臂内侧。双刀刀尖向上，刀刃向前，目视前方（图4、图5）。

图 4

图 5

5. 顽童戏水（连环劈刀）

右刀经身体右侧向下、向后、向前劈轮一周至肩平，刀尖向前，刀刃向下，同时左刀由前向后劈轮，藏于右腋下，刀尖向后，刀刃向下。右脚、左脚依次向前上步，同时右刀、左刀在身体左侧依次劈轮一周半。右刀顺势藏于左腋下，刀尖向后，刀刃向下；左刀刀尖向前，刀刃向下，目视前方（图6、图7）。

图 6

图 7

6. 云刀（缠头裹脑刀）

身体右转 90°，左腕内旋，左臂屈肘至头顶，左刀经面前缠头至右肩处，刀尖向下，刀刃向后；右刀藏于左腋下，刀尖向后，刀刃向外。身体继续右转 90°，右刀由左向右扫刀，经右肩向后裹刀至左肩处，刀尖向下，刀刃向外；同时左刀贴背裹刀，经左肩向前平扫后藏于右腋下，刀尖向后，刀刃向外，目视前方（图 8、图 9）。

图 8

图 9

7. 回身平抹刀（抹刀）

右脚向后撤步，身体右转 180° 成右弓步，同时右刀向右后平抹与肩平，刀尖向左，刀刃向前，左刀藏于右腋下，刀尖向后，刀刃向右，目视前方（图 10、图 11）。

图 10

图 11

8. 顽童戏水（连环劈刀）

身体左转 180°，右手外旋，右刀经头顶向前劈刀，刀尖向前，刀刃向下，目视前方。右脚、左脚依次向前上步，同时右刀、左刀在身体左侧依次劈轮一周半。右刀顺势藏于左腋下，刀尖斜向后、刀刃向下；左刀尖向前、刀刃向下，目视前方（图 12、图 13）。

图 12

图 13

9. 云刀（缠头裹脑刀）

身体右转 90°，左腕内旋，左臂屈肘至头顶，左刀经面前缠头至右肩处，刀尖向下，刀刃向后；右刀藏于左腋下，刀尖向后，刀刃向外。身体继续右转 90°，右刀由左向右扫刀，经右肩向后裹刀至左肩处，刀尖向下，刀刃向外；同时左刀贴背裹刀，经左肩向前平扫后藏于右腋下，刀尖向后，刀刃向外，目视前方（图 14、图 15）。

图 14

图 15

10. 回身平抹刀（抹刀）

右脚向后撤步，身体右转 180° 成右弓步，同时右刀向右后平抹与肩平，刀尖向左，刀刃向前，左刀藏于右腋下，刀尖向后，刀刃向右，目视前方（图 16、图 17）。

图 16

图 17

11. 燕子别翅（上步别刀）

身体左转 180° ，同时右刀经头顶向下、向后穿刀至左胯旁，刀尖斜向上，刀刃斜向后，目视后方。右脚、左脚依次向前上步成左弓步，右刀、左刀依次在身体左侧由后向前舞花一周，交叉于左胯旁，左刀在外，双刀刀刃斜向下，目视左下方。接着双手同时用力向前、向后撑出至肩平，双刀刀尖向下，刀刃向外，目视左后方。上右步成右弓步，同时双手翻腕，双刀在身体左右两侧各舞花一周，交叉放至右胯旁，右刀在外，双刀刀刃斜向下，目视右下方。同时双手用力向前、向后撑出至肩平，双刀刀尖向下，刀刃向外，目视右后方（图 18 ～ 22）。

图 18

图 19

图 20

图 21

图 22

12. 云刀（缠头裹脑刀）

上左步，身体右转 90°，左臂屈肘至头顶。左刀经面前缠头至右肩处，刀尖向下，刀刃向后；右刀藏于左腋下，刀尖向后，刀刃向外。身体由右转 90°，右刀由左向右扫刀，经右肩向后裹刀至左肩处，刀尖向下，刀刃向外；同时左刀贴背裹刀，经左肩向前平扫后藏于右腋下，刀尖向后，刀刃向外，目视前方（图 23、图 24）。

图 23

图 24

13. **回身平抹刀（抹刀）**

右脚向后撤步，身体右转 180° 成右弓步，同时右刀向右后平抹与肩平，刀尖向左，刀刃向前，左刀藏于右腋下，刀尖向后，刀刃向右，目视前方（图25、图 26）。

图 25

图 26

14. **金童献佛（丁步收刀）**

身体左转 180° 成左弓步，同时右刀向下、向后穿刀至左胯旁，刀尖斜向上，刀刃斜向后，目视左后方。右刀继续向上、向前穿刀至胸前，刀尖向前，刀刃向上；同时左刀经身体左侧，由后向前舞花一周与右刀交叉立于胸前，刀尖向上，刀刃向前，目视前方。左脚回收成丁字步，同时左刀前推，右刀回收至右胸前，目视前方（图 27 ～ 29）。

图 27

图 28

图 29

15. **猛虎跳涧（分心刺刀）**

左脚向前上步，蹬地前跳，右脚、左脚依次落步成左弓步，同时左刀向上拉起向前劈刀，顺势收于腰间，刀尖向上，刀刃向前，回收至右胸前，刀尖向前，刀刃向上，同时左刀向前推出，刀尖向上，刀刃向前，目视前方（图 30 ～ 32）。

图 30

图 31

图 32

16. **蝴蝶扇风（上步撩刀）**

两腿屈蹲，左腕上挑，左刀向后撩至身体左侧，刀尖向后，刀刃斜向上。上右步，同时左右刀依次在身体左右两侧舞花反撩一周至身体右侧，右刀在上，刀尖向前，刀刃斜向上；左刀刀尖向后，刀刃向下。上左步，同时左右刀依次在身体左右两侧舞花反撩一周至身体左侧，右刀刀尖向前，刀刃斜向上；左刀刀尖向后，刀刃斜向上。上右步，同时左右刀依次在身体左右两侧舞花反撩一周至身体右侧，右刀在上，刀尖向前，刀刃斜向上；左刀刀尖向后，刀刃向下。上左步，同时左右刀依次在身体左右两侧舞花反撩一周至身体左侧，右刀刀尖向前，刀刃斜向上，左刀刀尖向后，刀刃斜向上，目视前方。上右步，同时左右刀依次在身体左右两侧舞花反撩一周至身体右侧，右刀在上，刀尖向前，刀刃斜向上；左刀刀尖向后，刀刃向下，目视前方（图 33 ～ 38）。

图 33

图 34

图 35

图 36

图 37

图 38

17. 云刀（裹脑刀）

上左步，身体右转 90°，左腕内旋，左臂屈肘至头顶，左刀经面前缠头至右肩处，刀尖向下，刀刃向后；右刀藏于左腋下，刀尖向后，刀刃向外。身体继续右转 90°，右刀由左向右扫刀，经右肩向后裹刀至左肩处，刀尖向下，刀刃向外；同时左刀贴背裹刀，经左肩向前平扫后藏于右腋下，刀尖向后，刀刃向外，目视前方（图 39、图 40）。

图 39

图 40

18. 回身平抹刀（抹刀）

右脚向后撤步，身体右转 180° 成右弓步，同时右刀向右后平抹与肩平，刀尖向左，刀刃向前，左刀藏于右腋下，刀尖向后，刀刃向右，目视前方（图 41、图 42）。

图 41

图 42

19. 叶里藏花（回身单劈）

身体左转 180° ，同时右刀经头顶向下穿刀，刀尖向下，刀刃向前；左手藏于右腋下，刀尖向后，刀刃向外。身体左转 90° ，右脚向前上步，左脚插步，同时右刀向后穿刀经头顶向右前劈刀，刀尖向上，刀刃向前，目视右前方。身体左转 270° ，两脚依次跳起，右刀经身体右侧向下、向上抡至头顶，刀尖向后，刀刃向上。身体继续左转 90° ，左右两脚依次着地成马步，右刀向右前方劈出，两刀刀尖向上，刀刃向前，目视右前方（图 43 ～ 46）。

图 43

图 44

图 45

图 46

20. 云刀（缠头裹脑刀）

上左步，身体右转 180°，左腕内旋，左臂屈肘至头顶，左刀经面前缠头至右肩处，刀尖向下，刀刃向后；右刀藏于左腋下，刀尖向后，刀刃向外。身体继续右转 90°，右刀由左向右扫刀，经右肩向后裹刀至左肩处，刀尖向下，刀刃向外；同时左刀贴背裹刀，经左肩向前平扫后藏于右腋下，刀尖向后，刀刃向外，目视前方（图 47、图 48）。

图 47

图 48

21. 回身平抹刀（抹刀）

右脚向后撤步，身体右转 180° 成右弓步，同时右刀向右后平抹与肩平，刀尖向左，刀刃向前，左刀藏于右腋下，刀尖向后，刀刃向右，目视前方（图 49、图 50）。

图 49

图 50

22. 云刀（缠头裹脑刀）

身体左转 90°，右臂屈肘至头顶，右刀经面前缠头至左肩处，刀尖向下，刀刃向后；左刀藏于右腋下，刀尖向后，刀刃向外。身体继续左转 90°，左刀由右向左扫刀，经左肩向后裹刀至右肩处，刀尖向下，刀刃向外；同时右刀贴背裹刀，经右肩向前平扫后藏于左腋下，刀尖向后，刀刃向外，目视前方（图 51、图 52）。

图 51

图 52

23. 回身架刀（架刀）

左膝微提，左刀经右肩向下劈刀，刀尖向前，刀刃向下，目视刀刃方向。左脚向后插步，身体左转 180°，同时左刀向后、向上撩刀，架于头顶，刀尖向右，刀刃向上；右刀刀尖向后，刀刃向外，目视前方（图 53、图 54）。

图 53

图 54

24. 白蛇吐信（分心刺刀）

右刀由腋下收至右腰间，刀尖向前，刀刃向上。右刀向前反刺至胸平，刀尖向前，刀刃斜向上，目视前方（图 55、图 56）。

图 55

图 56

25. 金龙探海（回身劈刀）

左脚蹬地直立，身体左转 180°，同时右膝上提，双手拉刀上举，左刀在右臂外侧，双刀刀尖向后，刀刃向上。右脚向前落步成右弓步，左刀前下抡劈一周藏于右腋下，刀尖向上，刀刃向后；右刀向前下劈出，刀尖斜向上，刀刃斜向下，目视刀刃方向（图 57、图 58）。

图 57

图 58

26. 云刀（缠头裹脑刀）

上左步，身体右转 90°，左腕内旋，左臂屈肘至头顶，左刀经面前缠头至右肩处，刀尖向下，刀刃向后；右刀藏于左腋下。身体继续右转 90°，右刀由左向右扫刀，经右肩向后裹刀至左肩处，刀尖向下，刀刃向外；同时左刀贴背裹刀，经左肩向前平扫后藏于右腋下，刀尖向后，刀刃向外，目视前方（图 59、图 60）。

图 59

图 60

27. 饿虎拦路（弓步架刀）

右膝微提，右刀经左肩向下劈刀，刀尖向前，刀刃向下，目视刀刃方向。右脚向后插步，身体右转 180° 成右弓步，同时两臂屈肘交叉于腹前，双刀置于身体两侧，刀尖向后，刀刃向外，目视前方。右膝提起，双刀由身体两侧由前向后平抹，刀尖向外，刀刃斜向后。右脚下落震脚，左脚向前上步成左弓步，同时两刀经胸前交叉斜架于头顶前上方，刀尖向外，刀刃斜向上，目视刀刃方向（图 61 ～ 64）。

图 61

图 62

图 63

图 64

28. 蝴蝶扇风（弹步穿刀）

左腿屈膝，右脚向后、向上掀翻，同时两手向内翻腕，双刀经身体两侧向下、向后穿刀，两臂交叉屈肘于小腹前，双刀置于身体两侧，刀尖斜向上，刀刃向后。右脚向前落步，左脚向后、向上掀翻，同时两手腕外翻，双刀经体前向下、向后穿刀至身体两侧，刀尖向上，刀刃向后。左脚向前落步，右脚向后、向上掀翻，同时两手向内翻腕，双刀经身体两侧向下、向后穿刀，两臂交叉屈肘于小腹前，双刀至于身体两侧，刀尖向上，刀刃向后。右脚向前落步，左脚向后向上掀翻，同时两手腕外翻，双刀经身体前向下、向后穿刀至身体两侧，刀尖向上，刀刃向后。左脚向前落步，右脚向后、向上掀翻，同时两手向内翻腕，双刀经身体两侧向下、向后穿刀；两臂交叉屈肘于小腹前，双刀置于身体两侧，刀尖向上，刀刃向后，目视前方（图 65 ～ 69）。

图 65

图 66

图 67

图 68

图 69

29. 仙人指路（弓步刺刀）

右膝上提，同时两手外翻，双刀经身体前挽花一周。左刀向前推出，刀尖向上，刀刃向前；右刀回收至腰间，刀尖向前，刀刃向下。震右脚，左脚向前落步成左弓步，同时右刀向前刺出，同时左刀回收至腰间，双刀刀尖向前，刀刃向下，目视前方（图 70、图 71）。

图 70

图 71

30. 云刀（缠头裹脑刀）

身体右转 90°，左腕内旋，左臂屈肘至头顶，左刀经面前缠头至右肩处，刀尖向下，刀刃向后；右刀藏于左腋下，刀尖向后，刀刃向外。身体继续右转 90°，右刀由左向右扫刀，经右肩向后裹刀至左肩处，刀尖向下，刀刃向外；同时左刀贴背裹刀，经左肩向前平扫后藏于右腋下，刀尖向后，刀刃向外，目视前方（图 72、图 73）。

图 72

图 73

31. 回身平抹刀（抹刀）

右脚向后撤步，身体右转 180° 成右弓步，同时右刀向右后平抹与肩平，刀尖向左，刀刃向前，左刀藏于右腋下，刀尖向后，刀刃向右，目视前方（图 74、图 75）。

图 74

图 75

32. 鹞子翻身（翻身双劈）

身体左转 180°，同时右刀经头顶向下穿刀，刀尖向下，刀刃向前。身体左转 90°，右脚向前上步，左脚插步，同时右刀、左刀依次向后穿刀，经头顶向右下劈出，刀尖向上，刀刃向前，目视右前方。身体左转 270°，右左两脚依次跳起，同时双刀经身体右侧向下、向上劈抡至头顶，刀尖向后，刀刃向上。接着身体左转 90°，两脚依次落地

图 76

成马步，双刀向右前方劈出，左刀置于右臂内侧，双刀刀尖向上，刀刃向前，目视右前方（图 76 ～ 79）。

图 77

图 78

图 79

33. 双龙出海（提膝双刺刀）

两手翻腕，双刀在胸前挽花一周，左臂屈肘，左刀架于头顶，右刀放至胸前，双刀刀尖向右，刀刃向上，目视右前方。身体起立，提左膝，双刀同时向右肩斜上方刺出，双刀刀尖斜向上，刀刃向外，目视刀尖方向（图 80、图 81）。

图 80

图 81

34. 勒马并刀（跳步并刀）

左脚向左落步，右左两脚依次蹬地向左跳起，同时双刀经胸前向上、向外抡劈至身体两侧，两刀刀尖向上，刀刃向外。左右两脚依次下落成马步，两刀向下收至腹前，刀柄相对，刀尖向外，刀刃向下，目视前方（图 82、图 83）。

图 82

正面

反面

图 83

35. 燕子别翅（上步别刀）

身体右转 90°，左脚上步，同时两手翻腕，双刀在身体左侧挽花一周，交叉置于左胯旁，左刀在外，双刀刀刃斜向下，目视左下方。双刀同时前后撑出至肩平，刀尖向下，刀刃向外，目视左后方（图 84、图 85）。

图 84

图 85

36. 鸿雁落滩（跳步劈刀）

身体起立，提右膝，同时两手翻腕，双刀在身体左右两侧各挽花一周并顺势举起，双刀刀尖向后，刀刃向上。身体右转 90°，双脚向前跳落地成马步，双刀向前劈出，右刀至左臂内侧，双刀刀尖向上，刀刃向前，目视左前方（图 86、图 87）。

图 86

图 87

37. 并步收刀

左脚向右脚靠拢，并步站立，同时双刀回收于腰间，刀尖斜向上，刀刃斜向下，目视前方（图 88）。

图 88

38. 收势

两臂自然下垂，刀尖向前，刀刃向下，目视前方（图 89）。

图 89